U0626211

如何在**30″**秒内
说出关键点

How to Get Your Point Across in 30 Seconds or Less

〔美〕米罗·弗兰克 Milo O. Frank 著

中国青年出版社
CHINA YOUTH PRESS

图书在版编目（CIP）数据

如何在30秒内说出关键点 /（美）弗兰克著；黄蔚译.
—北京：中国青年出版社，2016.1
书名原文：HOW TO GET YOUR POINT ACROSS IN 30 SECONDS OR LESS
ISBN 978-7-5153-3949-8

Ⅰ.①如… Ⅱ.①弗…②黄… Ⅲ.①语言艺术—通俗读物 Ⅳ.①H019-49

中国版本图书馆CIP数据核字（2015）第268578号

如何在30秒内说出关键点

作　　者：[美]米罗·弗兰克
译　　者：黄　蔚
策划编辑：麦丽斯
责任编辑：胡莉萍
美术编辑：李　甦
出　　版：中国青年出版社
发　　行：北京中青文文化传媒有限公司
电　　话：010-65511270/65516873
公司网址：www.cyb.com.cn
购书网址：zqwts.tmall.com
印　　刷：大厂回族自治县益利印刷有限公司
版　　次：2016年1月第1版
印　　次：2022年4月第12次印刷
开　　本：787×1092　1/32
字　　数：80千字
印　　张：5.25
京权图字：01-2015-0991
书　　号：ISBN 978-7-5153-3949-8
定　　价：32.00元

How to Get Your
POINT ACROSS
IN
30
Seconds or Less

目 录

第三章 知道向谁表达最有效 033

了解你的听众以及他们的需求，是 30 秒信息的第二个基本原则。

第四章 精心设计说服听众的正确方法 045

构想实现目标的正确方法，是 30 秒信息的第三条基本原则。

目 录

第十章　演讲也要遵循 30 秒信息原则　117

> 无论你面对的是一人还是一千人，30 秒信息表达的基本原则与策略都同样适用。

How to Get Your
POINT ACROSS
IN
30
Seconds or Less

前　言

掌控职业和生活走向，只需 30 秒

请大声朗读以下这段文字：

未来就是一辆没有驾驶员的高速汽车，你必须成为司机，有所谋划，决定自己前进的方向。你真的希望任由他人主宰自己的人生吗？不要仅仅满足于做一名乘客，要让其他人知道你的需求，知道你想要去哪里，30秒就是关键所在。要清晰地表达自己的想法，这段时间就已经足够了。本书将教导你如何针对特定情境构思，利用30秒传达信息，而这将让你稳坐驾驶员的位置。

停!

你刚刚就阅读了一段30秒信息。

30秒看似不长,却足以让你说出自己心里的话,足以吸引并且维持听众的兴趣和注意,足以说服听众或者令对方信服,足以令你说清自己想要表达的任何观点,而且言简意赅。

它可以比3分钟、30分钟甚至3个小时更加高效。

30秒,能够改变你的职业和生活走向。

我的整个职业生涯都贯穿于各种各样的沟通当中。年轻时,我是一名电影经纪人,所在公司签约了诸多明星,包括琳达·达内尔、玛丽莲·梦露以及亨弗莱·鲍嘉。我的职责就是吸引新客户,与之沟通,推销本公司艺人的才艺和能力,并协商其合约条款。作为哥伦比亚广播公司艺员选拔和选角的主管,我要尽己所能,为大量优秀的电视节目遴选到最好的演员,然后再与他们的经纪人进行协商,完成合约的签订。作为一名编剧、导演和制片人,我曾向千差万别的听众做书面或者口头报告。同时,多年以来,我还一直为商业人士与政治家教授沟通技能。

我曾无数次亲眼目睹别人的职业生涯因为脱口而出的话语跌宕起伏,无法高效沟通的雇员不能加薪,亦无从晋升。

前 言
掌控职业和生活走向，只需 30 秒

口齿笨拙的老板逐渐成为孤家寡人，喋喋不休的销售人员没能完成公司制定的交易额任务，长篇大论却又空洞无味的政治家未能获得连任。听他们说上几分钟，就让人倍感无趣。其实，他们本可以在几秒钟之内就唤起听众的兴趣。

请大声朗读以下这段文字：

高效无比、说服性强、切中要害的沟通技能非常容易掌握，本书将向你展示如何吸引听众的注意，维持他们的兴趣，讲述一个精彩绝伦的故事，然后实现自己的目的——所有这一切，都仅需30秒。你将能够清楚地说明关键点，无论是对你的生意伙伴、家人还是朋友，以及所有跟你打交道的人——从秘书到会计，再到公司主席。遵循本书所列举的简单步骤，使用易行的小技巧，你将节省大量时间，并且获得远超自己预期的成就，同时，你会感到趣味盎然。

停！

刚刚你所阅读的又是一段30秒信息。

很显然，并非所有的商业沟通时长都必须恰好等于30秒，与听众构建起融洽的关系同样十分重要。每一个情景都是独一无二的，但是，如果你需要表达自己，就要争取在30秒之内完成。无论你与听众之间的沟通时间是5分钟还是5小时都不重要，中心思想必须在30秒内论述完毕，其他内容都只是用于事先铺垫或者事后跟进而已。归根结底，30秒信息能够令你表达出关键点，并且将该要点维持在它所归属之地——听众的脑海中。不论何时，不论何地，一旦你需要引起他人的注意，30秒即已足够。

学会如何构思自己的30秒信息之后，你就能：

- 专注于自己的思考。

- 专注于自己的写作。

- 专注于自己的演讲。

- 确保对话不偏离正轨。

- 更加迅速地应对任何形式的沟通。

- 逻辑性更强，更加简洁明了。

- 缩短会面及会议时间。

- 降低听众的压力。

- 强化对话以及陈述内容。

- 在所有的面试和会议中，都给人留下深刻印象。

- 使用问题和答案来表达自己的观点。

- 提升自己的信心。

- 事业发展和个人生活都一帆风顺。

驰骋沟通商业领域多年，我所学到的最关键的一件事就是30秒信息所具有的至关重要、决定成败的价值。

How to Get Your

POINT ACROSS

IN

Seconds or Less

第一章

为什么一定是30秒

Part

CHAPTER ONE　WHY 30 SECONDS

第一章
为什么一定是 30 秒

"要是他能够直奔主题就好了！"

"好吧，就给她5分钟时间，到点她就必须马上出去。"

"今天我不能见他，我时间不够。"

"别接电话，可能是艾伦，她一说起话来就没完没了。"

"这是我第一次向高层经理做报告，我必须表现得优异些，速战速决。"

"这是哪门子备忘录啊？我可没有时间去读这满满五页纸的文件。"

"天哪，他足足说了一个小时，可我还是不清楚他究竟要干什么。"

"假如我有机会在会议上发言，而且必须言简意赅，我能够表达出自己全部的想法吗？"

"我怎样在15分钟的面试中说清关键点呢？"

"他们是作风硬朗的商人,不可能听我说太长时间的话。"

"他说只要两三分钟,但他肯定会说上15或者20分钟,不管怎么说,都是在浪费双方的时间。"

在这匆匆忙忙的世界里,上面这几句话听起来都很耳熟吧?

为什么30秒是说出关键点的理想时间呢?有两个清晰明确且具有说服力的原因。

高效生活要求说话简明扼要

第一个原因是时间限制——这种限制不仅施加在你的身上,也存在于你所试图说服的对象身上。

在电影和电视行业工作期间,我目睹了时势与品位的变迁。如今,快餐、快车以及快速交易已经随处可见。时间不等人,生活恰如逆水行舟,不进则退。为了加快脚步,你必须简明扼要。

你是否思考过"其他人评判你"以及"你评判其他人"的方式呢?你的交易、工作、金钱以及成功全都与第一印象息息相关。仅仅几句话之后,第一印象就已经在人类大脑中成形,我们也会据此行事,不是吗?通常情况下,我们只能在有限的时间里说出几句话,所以,这几句话最好恰如其分。

几年之前的一小时，时至今日，就只余下30秒而已。为了在商业领域或者任何其他社会关系中存活下来并且更上一层楼，你就必须在30秒钟之内迅速而简洁地说清自己的关键点。

人类保持专注的时间只有30秒

30秒之所以界定了说清关键点的理想时间，第二个也是更为重要的原因在于，即便其他人有很多时间听你诉说，他们保持专心致志的时间也不过30秒而已，只能接受这么多的信息。

你或者任何人能够心无旁骛地听其他人讲话多长时间呢，在你心猿意马地想到男女之事、金钱或者生活中其他美好的事物之前？我曾经做过这个小调查，得到的答案从4个小时到4秒钟不等。某位商人由于最近一次的商业会面不够顺利，情绪极其低落，他认为自己生意伙伴的注意广度简直就是零。这种猜测或许是正确的，但那也是因为该商人的讲话总是时间又长，内容又很无聊，未待他开口说话，听众已经心生反感了。记住，普通人的注意广度就只有30秒钟。

举一个例子。你不妨环顾一下自己的房间，然后注视一盏台灯。你会发现，不出30秒钟，你就已经心猿意马了。假如这盏台灯能够移动或者发出声响，或者能够自动开关，那么它就能够再次捕捉你的注意力，并维持30秒。但是，倘若没有任何运动或者改变，它就无法吸引住你。

不妨再将人类的注意广度想象成一台自动贩卖机，这台机器必须吞下前一份25美分，才能接收下一份25美分。假如你一次塞进去50美分或者1美元，那么不仅浪费了金钱，还可能卡住贩卖机。正如自动贩卖机每次只能吞下25美分，你的听众每次也只能集中30秒钟的注意力。

所以，想让听众放弃那些关于男女之事或金钱的想法、将注意力集中在你身上的话，你只有30秒钟的时间，这就是人类的注意广度。

广告——"30秒注意力广度"的完美例证

上述观点在广告领域体现得最为淋漓尽致，多媒体研究结果表明，普通观众的注意力广度仅为30秒。正因如此，我们每一个人在收听广播和观看电视时，无一例外地都在实践30秒注意力广度的理论。电视和广播中基本所有的广告长度都是30秒，倘若在这段时间内这些广告无法销售产品——不论是推销冰箱还是政客寻求选票，那么广告的整体理念早就发生重大变革了。

我在自己举办的沟通工作坊中与参与者进行交谈时，大

第一章
为什么一定是 30 秒

家反反复复说的一句话是："这么短的时间里我根本不可能说清楚。"

我的回应是广告一直以来都做到了这一点。广告不仅能够吸引你的注意力，还能告诉你产品的相关信息，以及什么时候、去哪里能够购买到这款产品，比如，汽车销售商盖尔平·福特（译者注：福特公司在全球销售量最大的经销商单店）的一支30秒长广告：

盖尔平购入了大量移动房车，但连绵不断的大雨将顾客拒之门外。本公司所存储的移动房车数量过多，快利用三天特价时间购车吧。与正常价格相比，最高可节省18000美元。节省下的钱足够您多年度假之用。全款您12年还清即可，大多数还款方式中，11.9%的价格可享受财务计划优惠。车价为16996美元起，详情请见《洛杉矶时报》本周五的体育版块。切勿错失良机，否则追悔莫及。机不可失，时不再来。

其结果就是全美最大的经销商之一盖尔平·福特完成了房车销售史上最大的一笔订单。这则广告将所有必要信息都传递给了潜在的消费者，而且时间也并未超过人类的注意广度。概而言之，30秒的话语足够表达、涵盖诸多内容，人为制作的广告能够做到这一点，那么你也一定行。

话语片段——新闻播报的黄金30秒定律

广播和电视新闻节目也会充分利用30秒的注意广度，它被称作"话语片段"。我曾邀请我的好友——电视新闻女主播兼记者特里·梅奥向一众商业人士解释何为话语片段，她说道：

受到注意广度的限制，所有电视新闻故事的时长平均下来都是一分半钟。记者们需要用30秒钟的时间搭建起故事框架，用30秒钟时间验证事实，也就是开展访谈或者使用摄像机记录事件经过，再用30秒的时间去总结并结束这个故事。去采访别人时，我很希望对方在30秒钟之内说清关键点，这样我才能将其剪辑播出。从整个访谈过程遴选出的30秒片段，还需要再经过演播室的编辑，其定稿就是所谓的"话语片段"。倘若受访者无法在30秒钟之内表明立场，那么我就无法使用这段素材，它也无法播出。

对于电视新闻中的30秒准则，特里还说：

我们发现，假如一个人在30秒钟内说不清楚一件事，那可能他根本就怎么都说不清楚。如果掌握了适当的方法，你可以在30秒钟之内非常清晰地表达自己。

下面这段感人至深的文字出自一条富有戏剧性、动人心

第一章
为什么一定是 30 秒

弦的电视新闻故事，正是对特里观点的完美演绎：

一位老人连衣服都来不及脱就下水救起了两名溺水的7岁儿童。记者赶到现场进行采访时，他还满身湿漉。他说道："也是，我已经65岁了，那又怎么样呢？任何会游泳的人都会去救那两个孩子，我做的其他事或许更加重要，但这会让其他人意识到，即便一个人60多岁了，也并不只是每天混吃等死。你还具有生产力，而且，退休也并不应该是一件强制的事。"

在这30秒不到的时间里，蕴涵了动人的信息，观点表达得也比较清晰，它出自一个面对压力的普通人之口。此事充分表明：只要掌握了方法，任何人都可以做到这一点。

30秒信息总是具有应用价值的，且适用于任何时刻、任何地点，它是一种基本的工具，当你掌握了它之后，它就会成为你的第二本性。它能够建构起一套全新的观念模式，能够改变你每天进行思考以及与他人交往的方式。你将发现，自己每时每刻皆可发自内心地做好准备，去使用30秒信息。

掌握了若干基本原则之后，任何人都可以掌握30秒信息的艺术，而这恰恰也是本书的核心内容。

How to Get Your
POINT ACROSS
IN

30

Seconds or Less

第二章

确定你最终要达成什么目标

Part

2

CHAPTER TWO   YOUR OBJECTIVE

第二章
确定你最终要达成什么目标

在《绿野仙踪》一书中，主角桃乐茜始终心怀坚定的目标——那就是回到堪萨斯的家。她把自己的目标先后告诉了没头脑的稻草人、缺少心脏的铁皮人、寻找勇气的狮子以及魔术师，她知道自己的需求。30秒信息的首要基本原则就是要拥有清晰明了的目标。

目标就是你的需求

所谓的目标，也就是目的、倾向、宗旨、标的、方针和主意，它是你想达成的状态，是你所作所为的内在原因，是你为了采取有效行动所必不可少之物。它是你参与任何严肃的商业对话，或者采取任何形式的沟通并且在其中表明立场的决定性原因。

以下是商业世界中若干典型的目标，你或许可以从中发现属于自己的目标。

- 一位男性雇员希望在公司中担任更加重要的职位。
- 一位女性想要开设一家属于自己的公司。
- 一位助理经理希望休假。
- 一个人想要说出精彩的祝酒词。
- 一位销售人员想要将产品卖给客户。
- 一个雇员想要升职。
- 一名经理希望提升本部门的生产力。
- 一位客户希望自己所接受的服务降价。
- 一名部门主管想要将自己的理念介绍给管理层。

目标必须清晰、唯一

一个人的目标倘若不清不楚，其所浪费的机会之多将令人大吃一惊。

马克·拉森是一位中层经理，他了解到公司调拨了部分资金用于提升其部门的业绩水平，所以，他向负责预算分配的副主席提出预约，请求见面，但他并不知道自己真正的需求是什么，他的目标模糊不清。以下就是会面的过程。

马克：我一直在思考提升本部门绩效的方法。

副主席：很好，你的建议是什么？

第二章
确定你最终要达成什么目标

马克：嗯，为了提升工作效率，我们可以购买一台全新的X100电脑。

副主席：那样就超出预算了，你还有其他备选项吗？

马克：有，我们可以再雇佣一名秘书。

副主席：你更赞同哪种方式？

马克：我也不确定，或许我们也应该考虑一下是否应该雇佣一名助理——比秘书高一个等级。

副主席：那也可行，每种方案的花费各是多少？

马克：我不清楚，我会把数值总结出来再来找您。

一周之后，马克将数值整理完毕，再次拜访副主席，可惜为时已晚，资金已经被调配给了其他部门。由于马克缺乏清晰明了的目标，不仅导致他未能获得资金，而且让一位能够决定他未来职业发展情况的领导对他产生了不良的印象。

我们再设想一下同一次会面过程——只不过，这一次马克非常了解自己的需求是什么，他心中拥有一个唯一的、清晰明了的目标。以下是访谈的详细过程。

马克：我一直在思考提升本部门绩效的方法。

副主席：很好，你的建议是什么？

马克：为了提升工作效率，我们可以租用一台全新的X100电脑。租赁费用较高，但从长远来看，它能够节省公司的时间和金钱，一年半之后即可收回成本，这是详细数字。

副主席：是否还有成本较低的其他选项呢？

马克：有，我们还可以再雇用一名秘书，或者助理，但我认为最终的结果不如租用电脑好，这是成本对比的详细数据。

副主席：你还是更喜欢电脑，是吗？

马克：确实如此，而且，生产商还开设有相关课程，并可以提供场地，免费为我们培训，不会收取额外的费用。

副主席：很好，下次预算会议上我会向大家介绍一下你的这些数据，然后我们再商讨公司能做些什么。

唯一的、清晰明了的目标不仅让马克得到了电脑，还令他获得了管理层的认可，大家都称赞他是一个了解自身需求的人。

以我的经验来看，商业领域内的绝大多数人，甚至是工业领域和政府内部的领导者，都不知道自己真正的目标是什么。或者，他们所选择的目标并不符合自身最大的利益和要求。只有精准地确定目标，你才能向着"说清关键点"迈出至关重要的第一步。

以下是确定目标的方法。

第二章
确定你最终要达成什么目标

如何找出自己的目标

向自己提出以下问题：

- 我为什么要去那儿？

- 我想要达成什么目的？

- 为什么我要进行这次对话？

- 为什么我要撰写那封信件？

- 为什么我要跟这个人碰面？

- 为什么我想进行那次面试？

- 为什么我要进行这次致辞？

如果其中两个以上的问题答案相同，那么你就已经找到了自己的目标。只能有一个目标，而且它必须清晰明了、详细具体。当你发现目标之后，要再做一次最终核查。从操作性的角度而言，所谓的核查就是要多问"为什么"。一旦你的目标清晰明了，一旦你知道了"为什么"，就可以着手准备自己的信息了，所有你想要表达的言语都要向目标进行倾斜。倘若你的想法和言语无法介绍、强调并且帮助你实现自己的目标，那么就要回过头去，重新开始。当你知道自己真正的目标是什么之后，就要坚持一以贯之。

某些情况下，明确地说出目标并不是好策略。譬如，在盟军于诺曼底海滩登陆之前，他们还设有一个隐匿的目标——诱使德国人相信盟军将在其他地点进行突袭。在与其他人沟通的过程中，这种策略同样适用。

我为《剧场90》——电视史上最伟大的文艺晚会节目之一选角时，就心怀一个隐匿的目标。我们希望招募到最优秀的演员，但他们的薪资要求超出了公司的预算，所以，我就开发出了一种全新类型的演员表，被称作"客串明星"演员表，借此，我能够说服演员们以比平常低的薪资出演节目，具体的方法是向他们介绍"客串明星"演员表的理念及其对于演员职业生涯发展的推动作用。这对演员有利，对本公司亦有利，同时，还实现了我隐匿的目标——以低薪招募到优秀明星。

只要你知道自己的目标是什么，隐匿的目标即可发挥效用。

任何形式的商业沟通——不论是工作面试，老板与员工之间的对话，一份备忘录，一次报告，一次推销游说，都应该拥有唯一的、清晰明了的目标，否则，你就是在浪费自己和听众的时间。而且，在你开口或者写字之前，就应该了解自己的目标是什么。

第二章
确定你最终要达成什么目标

30秒内读本章，注意这些就对了

你的目标就是你的目的、倾向和宗旨。

它是你进行沟通的原因。

你只能拥有一个目标。

在每一种形式的商业沟通中，你的思想和言语都应该能够介绍、强调并且帮助你达成自己的目标。

只有面对自己，你才无须说明心中的目标。

30秒信息的首要原则就是要拥有唯一的、清晰明了的目标。

How to Get Your
POINT ACROSS
IN

Seconds or Less

第三章
知道向谁表达最有效

Part

3

CHAPTER THREE   WHO'S LISTENING?

第三章
知道向谁表达最有效

　　想象一下，现在正处于战争时期，而你要负责一次两栖入侵作战，你做好了派遣登陆战船的准备。其时正值深夜，漆黑一片，没有月亮，没有星星，更没有一丝一毫的光亮，冷雨不停地在下。登陆的时刻来到了，你完全不了解这个小岛，甚至不知道它是否掌握在敌军手中。你不知道岛上是否有敌军，如果有，亦不知其数量是多少。你不知道他们的装备如何，也不知道该岛防御工事如何。你不知道地势详情，你不知道自己是应该先派遣一支部队还是应该强力登陆。你应该申请支援火力吗？你应该命令部队携带喷火器和反坦克机枪吗？

　　倘若你根本不知道自己面临什么、对方处于什么状况，你怎么才能知道自己应该做什么呢？你很懊悔，因为你只需问一下情报部门就可以了，他们总是掌握着各种信息。

不可能吗？几乎就是这样的。在商业世界中，你是否也经常进入未知领域，完全不知道自己将面对哪些人、面临哪些状况呢？你是否经常在懵然无知的情况下参加重要的会议，拨打重要的电话，或者开展重要的对话呢？在拥有了清晰明了的目标之后，为了实现自己的目的——不论是一份工作、一个建议、一次帮助、金钱抑或仅仅是信息，你还需要选择正确的交流对象，即那些能够满足你需求的人，能够实现你目标的人。了解你的听众以及对方的需求，就是30秒信息的第二个基本原则。

找到能够办成事的人

某一年的圣诞节，为了给妻子一个惊喜，我预订了一件奢侈品——浴室内使用的浴巾加热柜。产品目录上一共有两种浴巾加热柜，一种需要使用螺栓固定在地板上，还有一种直立在地面上即可，无须螺栓，我预订了后一种。圣诞节那天，加热柜按时到达，不仅让老婆大吃一惊，也让我意想不到，老婆是又惊又喜，我则是惊中带怒，因为送到的加热柜必须使用螺栓固定在地面上，我可不想在大理石地板上钻孔。

我拿起阿博·菲奇的产品目录，找到通讯地址，写信要求退钱，没有得到答复。我随后进行了"为了实现目的

第三章
知道向谁表达最有效

而选择正确的听众"分析，谁能够最迅速、最轻松地满足我的要求呢？当然，答案就是公司总裁。所以，我给他写了信，仍然杳无音讯。之后，我又写了一封信，再次主张我的权利。他给我回复了一封言辞温馨的信件，表示他正在调查此事。那之后，我的请求再次石沉大海。我又写了一封信，措辞严厉，总裁的回信也终于到来，"亲爱的弗兰克先生，"他写道："阿博·菲奇公司乐于收回浴巾加热柜，但您的产品并非购自本公司，我们的产品目录中并未包括该加热柜，您的产品购自汉马克·施莱默。"

我了解自己的目标是什么——追回我的金钱，而且也竭力去追求它，我甚至也选择了正确的人——公司的总裁，可惜，我选错了公司。

最终，我给汉马克·施莱默的总裁写了信，这次风波让他感到十分有趣，他兴致勃勃地为我办理了退款。

因此，一旦你确定了自己的目标之后，就一定要确认谁能满足你的需求。譬如，如果你希望在购买商品之后退款，那么在必要情况下就要联系公司总裁。如果你希望升职，就要去找你的老板。如果电话接线员无法为你提供帮助，就要找他的主管。如果保险索赔不顺利，你就应该去联系保险公司或者相应机构内更高级别的负责人。

要去找那些能够办成事的人。

的确，有时候，你必须跟错误的人交谈后才能联系到正确的人，但不论你跟谁沟通，都要尽己所能地去了解对方的相关信息。

对方的职业或者岗位是什么？他的职责包括哪些？他的出身背景是什么？他的兴趣或者爱好是什么？从中你或许能够找到双方的共同点。作为一名网球手，我发现，在与其他网球手打交道时，谈论网球往往能够成功"破冰"，为对话开一个好头。

他在工作中的态度是否强势，位子是否坐得牢靠？他拥有多少权威？他是否沾染官僚习气？他是否对商业活动中特定的事项比较吹毛求疵？他是外向还是害羞？他是否具备幽默感呢？

了解你的交谈对象可以在你谋划如何实现自身目的的过程中给予指导。

深入了解你的交谈对象

我一贯坚持要清楚地了解自己的交谈对象，以下就是一个示例。

我的妻子莎莉·福莱斯特刚刚与美高梅公司签订协议，

第三章
知道向谁表达最有效

成为一名年轻的新人女主演，按照工作室的要求，她即将参加自己人生中第一次的好莱坞盛大首映礼。到处是照相机、麦克风、泛光灯、影迷以及记者，包括路艾拉·帕森斯、海达·霍普。莎莉被引到麦克风前，旁边站着她的老板——美高梅的首席制片人多利·斯查理。老板热情地欢迎了莎莉，对她温语有加，并祝福她在自己的新家美高梅收获光明的前途。莎莉四周都是摄像机，面对着众人，她表达了自己的喜悦之情，最后，她对多利·斯查理说道："非常感谢你，威尔曼先生。"她误以为对方是著名的导演比尔·威尔曼。

作为她的丈夫，我感到十分好笑，但作为她的经纪人，我则倍感惶恐。我告诉莎莉，不论如何，只要你渴望在行业内最重要的工作室获得成功，万万不可叫错负责制片的先生、你的老板的名字！如此一来，你在工作室中的信誉难免受损，前途堪忧。既然我能记住每一个人的名字，她也应该做到这一点！

大概一个月之后，莎莉与我走进了圣·莫妮卡海滩的一家餐厅。你瞧！角落里的一张桌子旁，正坐着著名的导演、我原工作机构的一名客户，比尔·威尔曼——也就是莎莉口误中的那位"威尔曼先生"。当时，我已经能够欣赏口误事件中所蕴涵的幽默感了，所以，我和莎莉来到他的桌前，说道：

"威尔曼先生，大概一个月之前……"原原本本地讲述了那件当时让我们倍感尴尬但现在则令人莞尔的趣事。

他微笑着说："的确是一个有趣的故事，但我并不是比尔·威尔曼，我是保罗·海赛。"

保罗是一位著名的明星摄影师，我对自己说，他看起来确实与比尔·威尔曼有几分相似，可见，我总是精准地知道自己在与谁交谈啊。

为了在30秒之内说出关键点，你首先要确定目标，其次，确定哪些人能够满足你的需求，之后，尽己所能去了解那些人。最后，也是最重要的，要了解对方对你有哪些需求。以下就是一个具体示例。

理查德·兰德尔是一名助理银行经理，他了解到自己所在支行有一个经理的岗位空缺，他希望升职（目标），并与负责员工任免的公司主管预约见面（正确的人）。之后，他全力以赴地搜集了这名高管的相关信息，包括这名高管……

- 是一名工作狂。

- 一直在银行业供职。

- 入职之初是一名柜员。

- 坚定地认为员工应该对顾客礼貌相待。

- 关心自己的员工。

第三章
知道向谁表达最有效

● 喜欢心怀大志之人。

● 非常自信，也喜欢自信的人。

● 了解银行内部所有的岗位，亦认为每一个身居高位之人都应该做到这一点。

● 并不仅仅以金钱作为工作动力。

理查德知道，为了让自己具有说服力、获得擢升，他必须满足高管的而不是自己的需求和爱好。他问自己："高管希望从我身上得到什么呢？"为了回答这个问题，他站到对方的立场上，猜测其心理活动，他就此"成为"那名高管，以下是他所确定的高管的需求：

● 他需要一些为我调整工作岗位的绝佳理由。

● 他想知道我对这份工作的了解程度。

● 他想知道我比其他申请者更为优秀的原因。

● 他想知道我的自信程度。

● 他想知道这份工作对于我而言意味着什么。

● 他想了解我将如何与其他雇员和顾客打交道。

● 他想观察我将如何应对面试的压力。

● 他想观察我将如何回答问题。

● 他想知道我的雄心壮志是什么。

● 他想观察我是哪种类型的人。

- 他想观察我是否足够聪明。

- 他想让我证明自己胜任这份工作。

　　现在，理查德不仅知道自己想要什么，也知道高管想要从他身上得到什么了。这些信息对于每段30秒信息的形成而言都是重要的根基，听起来非常复杂吗？实情并非如此。通过与高管产生共鸣，理查德知道自己应该着力从哪一方面入手才能给对方留下良好的印象：自己的工作能力。因此，轮到理查德来说服高管了，不论面试的实际时间有多长，游说过程都要在30秒之内完成，其内容正是自己能够胜任工作的理由。面试过程中，理查德着重强调了自己的知识技能、丰富经验、工作热情以及自己的满怀信心——简而言之，即自己开展工作的能力。

　　这一场景中还有其他一些"佐料"，理查德固然知道负责任免工作的高管主要看重应聘者的职业素养，但他还知道，这名高管十分喜欢垒球，事实上，正是由于他的推动，银行的垒球队才能一直维持下去。因此，面试过程中，理查德还适当地展示了自己的投球能力，所有这一切都在30秒之内完成，果不其然，他最终得到了这份工作。

　　在着手准备自己的30秒信息之前，不论你想要的是什么——一份更好的工作、升迁、休假、同事在工作上的配合、资金调拨抑或慈善捐款，你都必须了解听众是谁，哪一事物最能够令对方做出积极的回应。

向黑暗中的目标开火，成功率极低。现在，我们既然照亮了目标，你就知道应该向哪里瞄准，自己想要攻击哪里了。两者对于"弹药"——30秒"导弹"的准备都是必不可少的。

30秒内读本章，注意这些就对了

要与正确的人交谈，即能够满足你需求的人。

尽可能充分地了解交谈对象的相关信息。

认同你的听众，他希望从你身上得到什么东西，哪一事物最能够令对方做出积极的回应？

了解你的听众以及对方的需求，是30秒信息的第二条基本原则。

How to Get Your
POINT ACROSS
IN

30

Seconds or Less

第四章
精心设计说服听众的正确方法

Part

4

第四章
精心设计说服听众的正确方法

还记得奥兹国的桃乐茜吗？她和自己的小狗托托想要返回堪萨斯，稻草人想要拥有聪明的头脑，铁皮人想要拥有心脏，懦弱的狮子想要拥有勇气，这些都是他们的目标。而且他们知道，奥兹国的魔术师是唯一一个能够满足他们愿望的人，他就是应该交谈的正确之人。此时，他们面临的问题就是如何到达翡翠城，面见魔术师。最终，他们选择了黄砖路，这就是他们的方法。

30秒信息的第三条基本原则就是构想完备的方法。

因事制宜地实现目标

所谓因事制宜的方法，就是最能引领你实现目标的那个想法、那个句子，这一想法或者句子可以被称为前提、根本思想、概念、着眼点、驱动力、策略、游戏计划或者信息主题，因事制宜的方法还是建筑的地基、物质的核心、身体的骨架，以及贯穿于乐章中的旋律。在30秒信息中，一旦你确定了自己的需求以及能够满足你需求的人，下一步就是必须决定如何最高程度地实现目标，那就是因事制宜的方法。

如何找到正确的方法

牢记你的目标和听众，用一句话来回答下列问题：

- 我将讨论的内容是什么？

- 我致胜战术的根基是什么？

- 我讲话内容的核心是什么？

- 哪一句话能够最大程度地令我满足自己的需求？

- 我能够围绕这一句话自如地构建起一个案例吗？

- 哪些必要的语句与这一句话的中心思想一致或者存在联系呢？

- 这一句话与听众的需求和兴趣之间存在联系吗？

假如其中两个或者两个以上问题的答案一致，并且与你的目标以及听众的需求和兴趣之间存在直接联系，那么恭喜，你已经找到了因事制宜的方法。

还记得理查德·兰德尔——那位希望被提升为经理的助理银行经理吗？他事先做了充足的功课，掌握了即将面试自己的高管大量的信息。他知道自己必须着重阐述哪些内容，他选择的面试准备方法就是强调自己的知识技能、丰富经验、工作热情和充足信心。

实现某一目标的潜在方法数量是无穷无尽的，只要你拥有想象力，就拥有不计其数的选择。但是，正如你需要设定唯一的一个清晰明了的目标一样，你也必须选择唯一的一种方法。理查德也可以选择其他的方法，譬如，他可以告诉高管自己之所以想要接替经理的岗位，是因为他携妻带子，需要赚更多的钱养家，但明智的理查德知道这种方法的成功率很低，因为该方法与高管的需求和喜好并不一致，理查德选择了"因事制宜"的方法。

方法与目标互相依存，缺一不可

假设西班牙大陆美洲的一艘沉船上有着价值连城的宝藏，你的目标就是要找到它，但你并不知道自己应该怎样做。只有目标，没有方案，没有找到宝藏的方式，又有什么用呢？所谓的方式，就是因事制宜的方法，没有因事制宜的方法，目标毫无用处。

早上你要出门，你可以坐直升机，也可以骑骆驼，还可以穿旱冰鞋，但你并不知道自己要去哪儿。可笑吗？当然，但这正是有方法而无目标的一个绝佳示例。没有目标，因事制宜的方法毫无用处。

目标与因事制宜的方法是互相依存的。当然，你的目标会影响自己所采取的方法，你对于听众需求和兴趣的了解也会影响你所选择的方法。但是，一旦你确定了因事制宜的方法，它就能够发挥出"救生带"或者"降落伞"的作用。用一句话表述出的唯一而因事制宜的方法是一种保障，能够防止你忘记自己谈话的主题，它既简单又直接，总是能让你不偏离主题，持续向着目标的实现推进，不论你是在同一个人讲话，还是在向一群人演讲。

清晰明了的目标和因事制宜的方法所具有的强大效力令我激动不已，一旦你掌握了它们，必将拥有相同的感觉，它们可以应用于任何商业或私人情境。以下是一些示例。

雇员对老板

目标：为了升职。

方法：公司必须提携、培养领导者，方可繁荣发展。

不满意的顾客对销售商

目标：为了退款或者换货。

方法：我相信，贵公司既然如此优秀，必然会对售出的产品一直负责。

第四章
精心设计说服听众的正确方法

雇员对老板

目标：加薪。

方法：我已经证明了自己的工作对于公司的价值。

老板对雇员

目标：在不擢升某员工的前提下留住他。

方法：万事皆有定时。

顾客对信用卡公司或者银行

目标：不支付错误的账单。

方法：如果贵公司能证明收费不存在错误，我很乐意支付。

销售人员对顾客

目标：向过纪念日的顾客推销钻石耳环。

方法：还有什么更好的方法向她表达你的爱呢？

一位女商人对另一位女商人

目标：请她与一位特许经销商交谈。

方法：对于女性而言，经济独立非常美好、新颖而且振奋人心。

顾客对销售人员

目标：货比三家。

方法：我很喜欢你们的产品，但我的预算比较紧张。

不吸烟的人对邻桌吸雪茄烟的人

目标：让对方停止吸烟。

方法：我对雪茄烟雾过敏，它会让我生病。

了解你的需求，了解谁能满足你的需求，并且了解实现目标的方法，这些就是任意一种口头沟通或者书面沟通的核心要素，也是书面或者口头沟通的最有效形式——30秒信息的三大基本原则。一旦你在头脑中牢固树立起这些原则，就可以在准备自己的30秒信息时将它们融会贯通。下面就是一个示例。

本·霍利斯特是一位营销经理，六个月前他推迟了休假，现在，他想要休两周的假期，这就是他的目标。营销副主席是能够批准他假期的人，本的方法是什么呢？下面就是他对副主席所说的话。请认真阅读，并且判断自己是否能够发现他的方法。

疲愈的僵尸能成为优秀的经理吗？让我休假，既对我好，也对您有利。您知道，我工作非常努力，也热爱自己的工作。我不想丧失自己的热情，但我现在太疲愈了，需要放空一段时间。我已把所有事项都安排得井井有条，如果出现紧急状况，玛丽能够应付，即使发生意外事件，我也能够给予她指导。

第四章
精心设计说服听众的正确方法

我想休息两周，希望下个月初就开始休假，那两周半的事情我都已经布置妥当了。

回到工作岗位之后，我的努力程度会翻倍，效率也会翻倍。您能在周三之前给我回复吗？谢谢。

本的方法就是"让我休假既对我好，也对您有利"，他所选的方法既能实现自己的目标，也与老板的需求和利益相一致。所有的一切都在30秒内得以完成，这就是他通向休假的黄砖之路。

当然，本并没有径直冲进领导的办公室，像事先准备好的演讲一样喋喋不休地说出30秒信息，但他的确对于自己要说哪些话进行过深思熟虑，而且，在引出休假这一主题之后，他也的的确确说出了自己的想法。如果他要撰写一份备忘录正式申请休假，他会写下基本相同的文字。他掌握了30秒信息的基本要素，你也完全可以做到这一点。

但是，一条真正有效的30秒信息除了包括这三大基本成分之外，还有许多其他内容，正如一道法国大菜不仅要包括肉类、蔬菜和调味汁，还要加入多种佐料和调味品，才能成就一道美味菜肴。在接下来的章节中，我会分别讨论不同的额外佐料，确保你的30秒信息趣味盎然、完整无缺而且获得成功。

30秒内读本章，注意这些就对了

因事制宜的方法就是最能引领你实现目标的那个想法、那个句子。

因事制宜的方法要考虑到听众的需求和利益。

因事制宜的方法将令你专心致志，一直朝着目标的实现而努力。

了解你的需求，了解谁能满足你的需求，并且了解实现目标的方法，这些是30秒信息的三大基本原则。

How to Get Your
POINT ACROSS
IN

30

Seconds or Less

第五章

一开口就让你的听众"上钩"

Part

5

CHAPTER FIVE   THE HOOK

第五章
一开口就让你的听众"上钩"

哪些东西会诱惑你，引诱你，吸引你，挑弄你，让你着迷，迷惑你，魅惑你，蛊惑你，感动你，诱使你，催眠你，让你购买一件产品，坚持观看一档节目，或者不断阅读下去呢？答案是"钩子"。

所谓"钩子"，就是专门为了吸引听众注意力而使用的语句或者物体。当你观看电视，听广播，读报纸、书籍、杂志，以及观看广告牌时，钩子无时无刻不呈现在你的眼前。

报纸总是使用钩子，它们被称作"大标题"。一家本地报纸曾经报道过一对夫妻组成的团队在附近的大学训练女子田径的故事，大标题写道："在这对夫妻看来，生活就等于体育比赛日。"一向保守的《华尔街时报》也曾经使用过有趣又富有创意的大标题，一篇关于蝙蝠粪肥的头版文章标题是："鸟会排便，蝙蝠也会，问题是谁排得更好？"副标题则玩起了文字游戏，"秘鲁出口的商品发现美国是一片沃土，但是本地公司拒绝认输"，的确趣味盎然。

史上最著名的标题来自娱乐商业期刊《综艺》，其具体内容是"HIX NIX STIX PIX"（译者注：HIX，意为"乡村生活"；NIX，意为"拒绝"；STIX，意为"住在郊区之人"；PIX，意为"电影"）。文章的内容主要是居住在郊区的人并不喜欢以郊区生活为主题的电影，这一标题迅速引起了各界关注，该期杂志一时洛阳纸贵，娱乐工业为此喜笑颜开，心满意得数年之久。

电视和广播也会使用钩子，它们被称作"包袱"。

美国女飞行员被俄国水手从茫茫大海中救起……参与报道奥林匹克运动会的一名罗马尼亚记者叛逃……政治家首先向土耳其卡车上投掷炸弹，随后再大肆宣扬，他们的同僚对此做何感想？欲知详情，并了解更多内容，请收看十一点钟的新闻节目。

你会被吸引住，不可自抑地观看节目。

一档电视冒险节目开播之初，你首先能看到的影像永远是动作场面——枪火不断，飞车撞击，人从大楼上摔下。制片人会将节目中最精彩的部分集中起来，放在开头播出，此时，观众就会被催眠，完全陷入其中而不可自拔。

第五章
一开口就让你的听众"上钩"

电视和广播广告也会使用钩子。

● 好的土豆不一定能做出好的薯片，关键还在于切片的方式。

● 廉价的普通垃圾袋问题在于，放进去的东西并不能总是兜得住。

你会记住这些广告并购买产品。

即便是书籍也会使用钩子，一本书的章节标题就是一系列为了吸引并且魅惑读者而设置的钩子。

当你与其他人——无论是你的雇员、合伙人、老板，还是董事会主席交谈的时候，第一件要做的事情就是吸引他的注意力。你必须诱惑对方，引诱对方，吸引对方，挑弄对方，让对方着迷，迷惑对方，魅惑对方，蛊惑对方，感动对方，诱使对方，催眠对方，让他们记住你说的话，具体的方法则是在30秒信息之初使用钩子。

如何找出有效的钩子

为了找出30秒信息中的钩子，请回答下列问题：

● 你的主题中最不同寻常的是哪一部分？你可以用一句话将其表达出来吗？

● 你的主题中最为有趣而且激动人心的是哪一部分？你

可以用一句话将其表达出来吗？

● 最富戏剧性的是哪一部分？你可以用一句话将其表达出来吗？

● 最有幽默感的是哪一部分？你可以用一句话将其表达出来吗？

你所能想到的句子就是钩子的备选项，接下来，请用下列问题检验上述句子：

● 钩子能引领你实现目标吗？

● 钩子与你的听众之间有联系吗？

● 钩子与你的方法之间有联系吗？

● 钩子能够令你的听众感到激动、引起对方的兴趣吗？

● 钩子能够成为你30秒信息中的第一句话吗？

最能够满足上述问题要求的备选项就是你的钩子——到此，就差一步。

最后一步是确定你的钩子应该以陈述句还是疑问句的形式呈现，哪种效果更佳。两种方式都可以尝试一下，它们都是可行的，如有可能，我更喜欢疑问句，因为它能起到一石二鸟的效果。钩子的目的就在于吸引听众的注意，而人在听到问题时，自然而然地就会予以注意。下列哪个钩子能够吸引到你的注意呢？

第五章
一开口就让你的听众"上钩"

- 所有优秀的经理都具备同一种关键能力。

- 所有优秀的经理都具备哪一种关键能力呢?

我更加青睐第二种。一旦你确定了使用陈述句还是疑问句,钩子就已经大功告成了。但请切记,不论你的钩子是不是一个疑问句,都要在30秒信息中对其进行解答,上述问题的答案就是"所有的经理都能够高效地表达自己和自己的想法"。

高管阿诺德·布兰特正在向麾下的高级经理们训话,他的中心思想是通过持续不断的领导力实现公司的长久繁荣与发展。他知道某些经理不喜欢培训下属,因为他们有意无意间担心"长江后浪推前浪",他也深知,每一名经理都十分重视自己在若干年后所能拿到手的退休金。因此,经过深思熟虑,布兰特所想到的方法是"培养胜任的领导者就意味着每个人都能安心养老"。以下是两个句子,你认为哪个句子应该用作他的开场白,成为他的钩子呢?

- 我们必须培养胜任的领导者。

- 你们真的非常在意自己退休之后会被谁取而代之吗?

如果你选择了第二个,就选择了正确的答案。第一个句子过于陈词滥调了,不仅未能吸引众人,反而令人心灰意懒,无法有效传递信息,相反,第二个句子则能吸引大家的注意力，并让听众接收到全部的信息。

以下是布兰特使钩子生效的过程。

你们真的非常在意自己退休之后会被谁取而代之吗？我在意，因为，培养胜任的领导者就意味着每个人都能安心养老，具体来说，就是我们每个人离职之后都能领到养老金，公司股票的价格亦有保障。

布兰特的钩子与自己的目标、听众以及方法都紧密联系着，它简短，富有戏剧性，十分有效。

完美钩子的类型

幽默开场的效果

钩子可以是严肃的，可以是戏剧性的，抑或是幽默的，不论如何，它都必须能够捕捉到听众的兴趣。如果它无聊之极，那就无法实现其目的——吸引对方的注意。某些情况下，我工作坊的同事感到自己无法用一句幽默的或者极其戏剧化的钩子作为开场词，对此，他们说："我们又不是混演艺圈的。"我答道："不论你们是否喜欢，要想高效沟通，就必须像混演艺圈一样幽默自如。"钩子的戏剧性越强，信息整体的有效性就越高。

第五章
一开口就让你的听众"上钩"

如果加以恰当运用，那么幽默就不啻为一种高效的工具，也是极好的钩子。但是，除非你是鲍勃·霍普（译者注：美国著名喜剧和电影演员，二战中和战后多次到军队进行慰问演出），否则我并不推荐你使用笑话作为钩子，即便你是他，使用笑话弄巧成拙的概率也实在太高。

以上都是我的经验之谈。某次在比佛利山网球俱乐部吃晚餐时，我无意中听到演员瓦尔特·马肖讲了一个笑话，当时没有一个人笑，但我觉得这笑话还不错，所以顺手牵羊，在这里复述一下：

两个食人部落的人正在吃晚餐，其中一个对另一个说："我真是烦死自己的岳母了。"另外一个答道："那就多吃点面条吧。"

为了说明如何吸引听众的注意，我曾经将这个笑话讲给诸多不同职业的人——从女高管到中国商业精英。中国人十分敬畏自己的岳母，因此只是礼貌性地笑笑，并非发自真心。女高管们，曾经、现在或者将来可能成为其他人的岳母，因此根本就不会露出一丝笑容。

你永远不知道听众对于笑话钩子的反应是什么，又何必去冒险呢？最佳的幽默钩子就是奇闻逸事和个人的经历。当你使用这些钩子时，可以不受限于一句话的长度。

　　譬如，下面这个事例就让我感觉十分适合向听众描述"必须尽己所能了解自己的听众"这一主题。凯利·格兰特的媒体经纪人曾经说过，总是有人对凯利·格兰特的真实年龄穷追不舍。某天早上，就有人问了他两次这个问题，之后，一家娱乐杂志的编辑发来电报，直截了当地问道："凯利·格兰特多大了？"他也直截了当地回应道："'凯利·格兰特多'确实挺大，你呢？"

　　下面是另一个示例。我当时正在比佛利山的一家宾馆主持工作坊，在空间很大、装修精美的房间中，坐着六名商业高管。我请他们每一位都构思一个钩子——能够吸引每一个人注意的简单语句。一位年轻的女士说道："一只老鼠刚刚从房间经过了。"

　　"这是我听过的最好的一个钩子了。"我表扬道。

　　"而且，"她说，"这是真事。"

　　确实是真事，我真心希望那只小老鼠能够成为老鼠世界中的沟通大师。

　　幽默的奇闻逸事和个人经验是完美的钩子，前提是它们必须与你的目标和你的听众之间存在直接的联系，而且能够引领你表达出自己的观点，幽默以及相应的30秒信息会让钩子铭记于众人的脑海当中。

第五章
一开口就让你的听众"上钩"

视觉钩子的冲击力

某些情况下，最好的钩子是视觉材料，而非口头语句。我曾经在一家大型美国公司主持沟通技能工作坊，其间，五名经理向高级管理层展示了"少数族群和妇女快速晋升"的问题。两把椅子被放在了房间的中央处，旁边都放着一双女鞋，开场词是："谁能够接替这两个人的位置呢？"

这是一个精心谋划的视觉钩子，再配合以完美无缺的开场语句，效果奇佳，至今为止，公司里的每一个人对此仍津津乐道。

加州大学洛杉矶分校的一名教授也曾经展示过史上最为精彩的钩子，他演讲的主题是各大城市的建筑物，出场时，不幸摔了个大跤，他皱着眉头说道："引起你们的注意了，不是吗？"你无须走到这一步，但是，如果你无法立即吸引听众或者读者的注意力，那么30秒信息亦将烟消云散。

囊括全部信息的钩子

你已经知道，钩子可以是一个句子或者一道问题。倘若你使用奇闻逸事或者个人经验作为钩子，它便是若干句子。不过，只要能够表明自身观点，钩子也可以构成30秒信息的

How to get your point across
in 30 seconds or less

全部，一个绝佳示例就是圣地亚哥动物园的口号：灭绝无法挽回。短短的七个字，就囊括了（隐匿）目标、方法、钩子以及信息。下面是另外一个例子。

床上不能做什么

你可以读书。

你可以休息。

你可以睡觉。

你可以打电话。

你可以吃早餐。

你可以看电视。

你可以听音乐。

你可以锻炼身体。

你可以打鼾。

你甚至可以吃饼干——前提是床上只有你一个人。

是的，你可以舒舒服服地躺下来。

但是，永远不要在床上点燃香烟，

因为，哪怕你只是打一次盹，所有的美梦都会化为乌有。

R. J. 雷诺尔烟草公司

钩子记录本——灵感的来源

可以将个人经历和奇闻逸事记在本子上，作为优秀钩子的备选项，你永远不知道它们什么时候能够在帮助你说出关键点的30秒信息中发挥作用。

之前，我还在华盛顿特区，晚上七点左右才忙完工作，略感疲惫。我觉得锻炼一会儿会感觉好点，因此选择步行返回酒店。路上，我注意到退伍军人管理局的大楼旁镌刻着几句话，就将它们记下来了。

一年之后，我正在为美国能源周撰写、制作并且指导若干电视和广播节目，急需一个钩子。打开日记本，我发现了上述语句，马上加以运用，供查尔顿·海斯顿阅读：

在华盛顿特区美国退伍军人管理局的石碑上，镌刻着亚伯拉罕·林肯的名言："要关怀那些肩负战斗职责的人，以及他们的遗孀和孤儿。"

那些为战斗而牺牲的军人信仰自由，信仰我们所拥有的自由而伟大的国家。今时今日，"自由"和"能源"已经成了同义词。3月15日到21日是美国能源周，这七天的宗旨是让民众更好地理解维护我们自由的能源。

您将收到我们发放的《能源独立宣言》，请阅读它，支持我们的活动。

我的钩子记录本证明了其价值所在，相信你也会如此。

30秒内读本章，注意这些就对了

所谓"钩子"，就是专门为了吸引听众注意力而使用的语句或者物体。

为了引起听众或者读者的注意，在30秒信息的开场白中就要使用钩子。

你的钩子应该与自己的目标、听众以及方法之间存在直接的联系。

你的钩子可以是疑问句或者陈述句，可以富有戏剧性或者幽默感，如果它是一个问题，那么就必须得到解答。

奇闻逸事和个人经验是完美的钩子。

你的全部信息都可以是钩子。

坚持记录钩子搜集本。

How to Get Your
POINT ACROSS
IN

30

Seconds or Less

第六章
30秒内说什么才能打动人

Part

6

CHAPTER SIX   YOUR SUBJECT

第六章
30 秒内说什么才能打动人

沟通过程中，必须牢记三K原则：

吸引（catch）听众；

维持（keep）听众的兴趣；

说服（convince）听众（译者注：上述三个单词的英文发音首音节都是K）。

你已经用钩子吸引到了听众，现在要做的是维持他们的注意力并且说服他们。

优秀的律师在准备向陪审团陈辞时，首要之务就是"构建"起自己的案件。他知道自己必须获得法官和陪审团的注意，所以，他会使用钩子，而最后必须代表客户提出请求，位于这两者之间的所有语句就是他的陈述内容。你的30秒信息的内容要能解释、强调并且证明你的观点，为了达到这一目的，内容中要包括那一著名的惯用语：何时、何人、何地、何事、为何，以及如何。

把话说全要注意哪些细节

第一步

● 了解你的目标；

● 了解你的听众；

● 了解你的方法。

第二步　回答下列问题。

● 我要谈论何事？

● 何人参与其中？

● 对话发生于何地？

● 对话发生于何时？

● 如何进行谈话？

第三步　使用下列问题核查以上答案。

● 它们是否能够强调并且/或者解释我的目标？

● 它们是否与我的听众之间存在联系？

● 它们是否与我的方法一致？

任何能够满足第二步中五个"何时、何人、何地、何事、为何以及如何"问题中的一个或者全部的答案，皆可成为30秒信息内容的候选项，可按照任何顺序结合加以使用。以下

第六章
30秒内说什么才能打动人

是五个问题结合而成的一个30秒信息示例。

一位为本公司寻找投资的高管正在与几名潜在的投资者商谈，他放出了钩子。

"今年我们的股票市值能够翻番吗？我认为它能，而且它也会这样。"

之后，他说出了自己的方法。

"我们处在一个快速发展的商业领域中。"

接下来，他解释、强调并且证明了自己的方法。

"1984财年再次证明了这一点，这是本公司史上表现最为优异的一年——总收入与获利同时创下纪录。如今，我们在美国经济提升最迅速的区域占据着统治性，而且市场份额还在持续增长。我们所从事的是'令君幸福'的行业，公司产品也充分体现了这一市场理念，我们的预售额已经创下了全新的纪录。现在就购买我们的股票，参与其中。我已经买了，将来还会购入更多。"

高管告诉了听众自己所谈论的是何事、发生在何地、何时发生、进展如何，以及为何要购入股票。

让我们再来共同观看另外一条30秒信息。

一位担任某公司医学顾问的医生正在同该公司经理进行交谈。

　　怎样才能做到健康长寿呢？预防性药物就是答案。你是否知道，所谓的心脏病，实际上就是心脏对你感到愤怒了呢？为了防止这种情况出现，就要对自己的心脏好一点，让它开开心心的。你要做的就是定期进行锻炼，不吸烟，不吃富含脂肪的食物，而且，每周都有至少一天的时间让自己完全放松。只要做到这些事情，心脏就不会跟你生气。我希望你保持健康的状态，不要等生病了再来找我。明天我会查看你的测试结果，之后，你可以给我打电话，到时候我们再确定下周二是不是要你过来探讨一下节食和锻炼的问题。

　　在这段简洁、精练、不到30秒的信息中，医生非常了解自己的目标、听众和方法。他向高管介绍了自己的谈话内容——预防性药物。之后，他又说明了相关人员、地点、原因、时间以及如何保持健康状态。他的话语中包括了30秒信息的全部佐料，无任何遗漏。

　　内容就是30秒信息的全部意义所在，它解释了你想要说明的观点，回答了你在钩子中所提出的问题，描述了你所希望完成的任务。即便你选择了正确的方法去实现你的目标，使用了撩人的钩子吸引到了听众的注意，倘若你并不了解自己的内容并且无法将其尽可能精简而有说服力地表达出来，你想传达的信息也会烟消云散。

你的讲话内容就是跟随在戏剧性大标题后面的新闻故事，夺人眼球的图片下面的注释，精美绝伦的罐子中的糖果。何事、何人、何地、何时、为何，以及如何都属于内容的一部分。这一公式十分简单易学，一旦你掌握了它，它就会为你的每一段30秒信息锦上添花。

30秒内读本章，注意这些就对了

内容能够解释并且强调你的目标。

内容与你的听众之间存在联系。

内容包含你的方法，并且与其一致。

何事、何人、何地、何时、为何，以及如何都属于内容的一部分。

内容就是30秒信息的全部意义所在。

了解自己的内容，并且将其尽可能精简而有说服力地表达出来。

How to Get Your
POINT ACROSS
IN
30
Seconds or Less

第七章

结尾要提出你的请求

Part

7

CHAPTER SEVEN   ASK FOR IT

第七章
结尾要提出你的请求

战争召唤、要求、命令、规定、合约、底线、商定、收尾，全都是所谓的"有所求"！

在每一段30秒信息的结尾处，你都应该提出自己的需求。

没有具体请求的信息不啻于被浪费的机遇。不提出具体的需求，你极有可能一无所获。总而言之，一切都可以归结为一种实用主义信条：会哭的孩子有奶吃。

有效结尾的类型

要确定与30秒信息的目标相一致的最佳结束方式，只需问自己："我希望从听众那里得到什么？"这个问题的答案就是你的收尾，接下来思考哪种类型的收尾最适合眼前的情境即可。

30秒信息的收尾包括两种类型：要求对方行动和要求对方反应。

要求对方有所行动

"行动收尾"要求听众一方做出具体的行动，而且该行动不应语焉不详，下面就是一个示例。

家庭教师协会的一位女士告诉自己的一众朋友："我希望在学校组织一次反吸烟活动，大家有没有什么想法？"

所有人都说："非常好，我们会考虑一下的，大家顺便去喝点咖啡、吃点蛋糕吧。"吃喝过后，就此结束。他们只会交谈一些其他的话题，那位女士则没有获得任何建议。

卜面是同一个情境，不过这一次那位女士使用了强势的行动收尾：

校园中吸烟的学生让我倍感忧虑，所以，我准备在学校组织一次反吸烟活动。这件事对我而言十分重要，我相信对于你们也是如此，因为活动可以防止大家的孩子吸烟，即使已经染上烟瘾，也可借此机会戒烟。等一会儿我们去喝点咖啡、吃点蛋糕，同时请大家写下自己的想法和建议。

这是真实发生过的情境。一共有十六名家长出席，那位女士最终获得了十六条回应，这一示例表明了行动收尾所具

第七章
结尾要提出你的请求

有的价值。要求某人在一段具体的时间内从事一项具体的任务，你将更有可能得到自己想要的东西。

这一技巧在商业领域内也能发挥几乎完全相同的效用，以下是具体示例。

一天的工作结束了，你与同一办公室内的四名同事召开非正式会议，探讨如何削减本部门的花销。你不能告诉同事做什么，但你可以提出要求。假设你说："先生们，大家都知道，我们必须削减花销。我自己已经有了一些想法，可能大家也有，我们一起想一下吧。"他们会说："当然，很好，我们会想一下的。"然后，事情有可能就此终止了。

但如果你说："先生们，大家都知道，我们必须削减花销。请大家与我一起，每个人至少写出三条建议，下周二我们再开会讨论，这对我们来说意义重大，感谢大家的襄助。"那么，你就能够取得成果。尽管你的语气非常谦逊，但事实上是在强推他们在具体的时间内完成确定的、具体的行动。

要求对方做出反应

我们都很熟悉电视广告和推销游说中的"硬卖"行动收尾："现在就购买"，"今天就到货"，"机不可失、时不再来，快快订购"。同样令人熟悉的是那些"软卖"广告，依赖于心理暗示的力量去表达自己的意图，这些广告不会请观众做出具体行动，它们所要求的仅仅是对方的反应。

很多情况下，要求对方做出具体行动是不可能的，或者那并不属于好策略。这时候，就轮到软卖或者反应收尾出场了，使用心理暗示或者示例的力量去实现预期结果。

我就曾经成为过这种策略的对象。当时，我在一家古董店看到了一对精美的17世纪金银丝烛台，它们是待售商品，不过销售商并没有说"米罗，买下它吧"，他只是说道："是不是很漂亮？这个价位很难买到这么精美的烛台。我想不通为什么到现在还没卖出去，不过我也感觉挺开心的。跟你说实话吧，今天晚上我就要把它们带回家，收藏起来。我妻子自从第一眼看到这些烛台起，就想让我把它们带回去。"

自然而然地，我迫不及待地买下了这些烛台。现在，当妻子和我看着这些烛台时，我为自己当时的决定感到开心，同时，我对反应收尾这一艺术也有了更深层次的领悟。

选择恰当的结尾方式

在选择收尾方式时，策略极其重要。两大操作性规则是：了解你的目标，以及了解你的听众，要小心翼翼地权衡你应在多大程度上推动对方。有时候，强硬要求对方迅速做出回

第七章
结尾要提出你的请求

应的行动收尾会被拒绝，而反应收尾的耐心与心理暗示力量则会被接受。

　　事先就要确定你应该使用哪种策略，更为重要的是，不要走进死胡同，总是要给自己留下一条退路。不提出请求，你就无法得到自己想要的东西，而如果你根本不知道如何做出请求，也将一无所获。

30秒内读本章，注意这些就对了

　　没有具体请求的信息不啻于被浪费的机遇。

　　没有索取，就没有收获。

　　行动收尾要求对方在特定时间内做出特定的行动。

　　只有旁敲侧击方可实现目标时，你就应该使用反应收尾策略。

　　事先就要确定你的收尾方式，不要从一开始就放弃机会。

How to Get Your
POINT ACROSS
IN

30

Seconds or Less

第八章

使表达更动人的四种方法

Part

8

CHAPTER EIGHT   PAINT A PICTURE

第八章
使表达更动人的四种方法

试想，你孤身一人，饥肠辘辘，走在一条水泥马路上，周围都是水泥堆砌的建筑物，建筑物都无门无窗，马路一望无际，没有任何希望存在，这就是不慎走失或者被遗弃的宠物——小狗或者小猫在大街上游荡时所面临的感觉。

这些话是洛杉矶一家叫作德尔塔的慈善组织的工作人员对我讲的，我感受到了信息内容，并且迫不及待地给他写了一张支票。我想起了自己在街上曾经看到过的那些惊恐万分的小动物，以及妻子和我是如何拯救它们的。他又将我的这些回忆唤醒了，并且在情感上打动了我，他绘制了一幅我无法抗拒的画面。

真正有效的30秒信息不只是钩子、单词、句子和收尾的组合，这些单词应该描绘出一幅听众能够记住的画面。它们应该是你的听众能够理解的词句，应该与你自己和听

众的个人经历之间存在关系，而且，它们应该能够直抵听
众的内心。

作家十分熟悉这些技术，它们被称作"形象化"、"明确
化"、"个人化"以及"情感化"。在30秒信息中，上述四种工
具可以独立或者相互配合加以使用，每一个都可以影响钩子、
收尾、信息的一部分或者全部。不论是哪种组合方式，它们
都会为你的30秒信息赋予色彩和效力。

形象化——描述生动的画面

参与沟通的时候，你应该让听众不仅能够听到你说的话，
还要能够"看到"你说的话，描述性的词句能够帮助听众将
你所谈论的内容图像化。

请感受一下这两个句子：

● 赤字会给经济带来消极的影响。

● 赤字会在经济血流中扩散微弱而又具有毁灭性的毒素。

第一句话很沉闷、平淡，没有趣味性，它无法在读者
的脑海中留下图像或者印象，第二个句子则描述出了一幅画
面，你会听得更加专心，也更容易理解其含义，因为它的文
字中蕴涵了色彩。由于你能够将这些文字视觉化，因此对该
信息的记忆效果也就更佳。

第八章
使表达更动人的四种方法

形象化在所有类型的日常交流中都具有相当的效用，在最近一次坐飞机时，我就见证了其效力。众所周知，飞机着陆之前，空乘人员通常会说："请系好您的安全带，直到飞机完全停下为止。"在乘客听来，这些文字难免左耳进、右耳出，但是这一次，空乘人员的话却让我精神一震，因为他们绘制出了一幅图像："为了避免您跌倒在过道的尴尬，请系好您的安全带，直到飞机完全停下为止。"

乘客们都大笑起来，同时系好了自己的安全带。

在准备自己的30秒信息时，要构思一些描述性的词句，为你的听众描绘出一幅图像。文字能够制造形象化，而且，不论你讨论的是小狗还是甜甜圈，都可以运用形象化让自己的信息更加富有色彩、趣味盎然且易于记忆。事实上，在30秒信息中使用形象化是准备过程中最有趣的一部分，因为正是这一过程才迫使你变得具有创造力。

明确化——用语要简洁清晰

沟通中存在的一个主要问题——尤其是在商业世界中，恰恰是不能理解对方在说什么。不同公司、不同工业领域内部的用语往往完全不同，他们所说的是商务用语。即便是在同一个公司内部，我也曾发现过由于语言问题导致沟通不畅的现象。

在我组织的一次工作坊会议中，一位电话公司高管准备的30秒信息里包含以下这句话："专业化客户复制终端仪器增加了运营成本。"我既感到好奇，又觉得迷惑，所以，我请他详细解释了一下。他的意思是：如果非电话公司复制现有的仪器，普通用户将为电话服务支付更多的费用。这么一说，我就能够理解了。

大多数人认为，为了营造自身博学的形象，有必要使用华丽的辞藻、专术术语和复杂的句子，事实上，这恰恰与真理背道而驰了——只有真正了解谈话主题的人才能够用清晰而简洁的语言说出自己要说的话。

某一电话公司高管为了向消费者指明一个值得关切的问题——规避，准备了如下的30秒信息。

所谓规避，就是指使用电子通讯业务——包括微波、广播、光纤系统、卫星和有线电视，绕开本地电话公司网络。工业客户规避普通运营商会使后者收益受损，并且提升居民客户的花销。

在进行明确化之后，他的信息发生了如下变化：

请将本地电话公司设想成一座正街大桥，不论交通流量多寡，每年的运营成本都是十万美元。通过大桥时，汽车需

第八章
使表达更动人的四种方法

要支付一美元，卡车则需要支付两美元。一家大公司又建了一座专门供卡车通过的新大桥，过桥费用仅为一美元，于是所有的卡车都选择从新桥通过。正街大桥每年的运营费用仍是十万美元，结果，由于卡车无法分担运营成本，本来只需支付一美元的汽车就必须支付更多的过桥费，这就是所谓的规避。如果大型公司构建自己的电话系统，并规避本地的电话公司，你们、居民用户就不得不支付更多的费用。

电话公司高管不仅在30秒之内用清晰而明了的语言表达了自己的观点，而且，他还描述出了一幅让听众难以忘怀的画面。

某些情况下，掌握科技用语是必要的。电脑销售人员最好掌握一些术语，这样他们才能够说服那些科技导向的消费者，但我要再次强调，需要着重思考的关键因素应该是你的听众。如果听众根本不知道你在讲什么，那么你就无法实现自己的目标——根据听众的理解水平选择恰当的语句和图像是你表达自己观点的一种万无一失的方式。

个人化——用亲身经历引起共鸣

在30秒信息中摆脱商务用语的最简单、最自然的方式就是个人化，也就是使用个人的故事来说明你的观点。如果听众能够认同你和你的经历，那么你就能够更加高效地表述自己的信息。

在我举办的某次工作坊会谈中，一位美国电话电报公司准备了一段30秒信息，用以说明他为什么认定美国电话电报公司强于其竞争者。他所表达的一个主要观点就是当用户拨打"○"键时，即可接通到美国电话电报公司的接线员。当时，其他电话公司都没有提供拨○查号的业务。"美国电话电报公司是一家贴心的企业，"他说道，"我们希望为客户提供服务，也乐于为客户提供服务。我们之所以设置接线员，就是为了将其作为美国电话电报公司长久以来引以为傲的服务标志，如此这般，如此这般。"

不仅这段信息令人感到无聊，说话人本身也很无聊。他没有任何表情，任何生气，也没有任何变化，他肯定能够治愈世上现存的最严重的失眠者。

我请他将这段话进行个人化处理，他遵循了我的要求。

"不久之前，"他说道，"我的小儿子不小心引发了车库火灾。我赶紧冲到电话旁，按下○键。接线员接通了电话，几分钟之后，消防部门出动了，一切都得到了控制。事后回想起来，我才第一次认识到，在紧急时刻，我可以拨○找接线员帮助自己，这是多么宝贵，多么令人心安。我们是唯

——一家提供这种服务的公司，帮助他人——这就是美国电话电报公司的全部意义所在。请与我们携手，共同将这一理念持续下去。"

美国电话电报公司的高管对30秒信息进行了个人化，陈词滥调不见了，虚假宣传也不见了，我们全都对他产生了深切的认同，而且在30秒内，他也说出了自己想要表达的观点。不止如此，讲述这段信息时，讲话者本身也发生了改变。在讲述自己的经历时，他生气勃勃，表情丰富，情真意挚，所有这一切都让他的信息更加高效，至此，他做得已然很完美了。

情感化——触碰听众的内心

能够触碰到听众内心的信息才是最有效的，兴趣能够导致改变。如果你能够激起听众的情绪，他就会更加乐于接受你的话语。

慈善就是依赖情感诉求而生的。你之所以撰写支票或者进行捐款，很多情况下都是出于情感诉求吧？帮助他人会让你自我感觉更好，同样的情感诉求也适用于30秒信息，以下就是一个绝佳示例。

帕翠西亚·刘易斯希望投身商业，她计划开一家自己的刺绣店，那是她的全部追求所在。她需要1万美元，但她自己只有8500美元。去哪里才能借到1500美元呢？钱不是很多，帕翠西亚也知道自己可以去银行贷款，但申请贷款需要很长的时间，而帕翠西亚已经找到了一个好地点，必须尽快行动。

她把自己的朋友从头到尾想了一遍，想到其中一个好友——吉姆·艾伦，他是一名商人，投资资金充足，但即便帕翠西亚的生意大获成功，对于吉姆而言其效益也不过是九牛一毛而已。之后，她突然想到吉姆是一个白手起家的人，他曾经多次讲过是这个国家赋予他伟大的机遇，他正是从零开始，通过奋斗最终梦想成真的。就是这点！帕翠西亚决定告诉吉姆他能够让帕翠西亚的梦想成真！

她向吉姆预约见面。他们闲聊了一会儿后，帕翠西亚讲述了这次会面的正题，说出了她的30秒信息。

"吉姆，我有一个梦想，我想要开一家自己的刺绣店。你知道，我积累了很多经验，也愿意刻苦工作。我找到了一个好商铺，也准备将自己的8500美元积蓄投进去，但我差1500美元。你或许还记得那些帮助你梦想成真的人吧，现在，我需要你的帮助，请让我的梦想成真。"

帕翠西亚知道自己的需求，也知道谁能够满足她。她不断寻找，终于发现了通过情感诉求打动对方的方法。她的话正合吉姆的心意，最终成功获得了投资。你也可以轻松地做到这一点，你会对其出众的效果感到吃惊。

30秒内读本章，注意这些就对了

形象化、明确化、个人化以及情感化会为你的30秒信息带来力量，令人印象深刻。

形象化：用图像思考，并使用描述性的词句，让你的听众能够记住它。

明确化：使用清晰而简明的语言，让你的听众能够理解它。

个人化：为了说明你的观点，要使用你自己的亲身经历，让你的听众对其产生认同。

情感化：触碰听众的内心，对方会更加易于接受你的30秒信息。

How to Get Your
POINT ACROSS
IN

30

Seconds or Less

第九章

让自己成为完美的表达者

Part

9

CHAPTER NINE　THE SPOTLIGHT IS ON YOU

第九章
让自己成为完美的表达者

在1945年的电影《枕投无路》（Pillow to Post，在英语中，Pillar to Post是"四处碰壁、走投无路"之意，该片名将Pillar换成Pillow〔枕头〕，是一种巧妙的说法）中，路易斯·阿姆斯特朗曾经倾情演唱过一首美妙动听的歌曲，叫作"你说什么"，第一句歌词就是"你说什么不重要，重要的是你怎么说"。

毫无疑问，说话的方式往往比说话的内容更加重要。既然你已经掌握了30秒信息的三大基本原则，也熟悉了其他有助于表达自身观点的策略和技术，现在是时候考虑如何使用这个有效的新工具了，以及你希望自己在使用该工具时如何被他人所感知。

第一印象的重要性

第一印象通常都是最持久的，如果没能留下良好的第一印象，你就会失去很多良机，而且无法挽回。

去年，我因为膝盖处软骨撕裂不得不接受手术。我的内科医生带着我见了三位外科医生，他们都是软骨手术的专家。我跟每位医生交谈的时间都只有几分钟，那么，我怎么做出决定呢？我的决定必然是基于第一印象的。我选择了那位自己最喜欢的医生，也就是给我留下最佳印象的医生，我并不是在为手术付账，而是在为医生付账。

绝大多数民众是如何选择为哪位政治家投票的呢？候选人在电视上的表现都大同小异，因此，绝大多数人都会给自己所喜欢的政客投票，也就是那些令他们感到最真诚、最自信的人。他们并不是在为政治家的理念付账，而是在为政治家付账。

假如你要提拔公司内的某一员工，而同时有三名符合资质的候选人，毫无疑问，你会选择那个给你第一印象最好的人。而且，如果你是候选人之一，那么你要相信，上级必然也是这样进行遴选的。

你的整体形象、个人风格，就是你给他人留下的第一印

第九章
让自己成为完美的表达者

象，一段简洁的30秒信息就是吸引并且维持听众注意力的最佳保障。与此同时，听众也在注视你，并且形成对你的第一印象，这或许也能够帮助你表达自己的观点。

试想，你收到了一份礼物——一支金笔。你是希望对方将笔直接交到你手中，还是对方将金笔包装在精美的盒子里再配以丝带呢？哪一种方式更加激动人心、更加令人印象深刻、更加令人心满意足呢？你的外表越好，所呈现出的"产品"——也就是你自己就越好，你也将获得更大的成功。

如何塑造惹人喜爱的印象

拉尔夫·瓦尔多·艾默生曾经写道："一个人的风格就是他心灵的声音。"他所写的主题就是"个性"。他知道，作为非言语信息，一个人的外表和行为可以在很大程度上说明他是怎样的一个人。每一个人在说话的同时都会传递多种多样的非言语信息，我们在听他人说话时都会观看对方，同时进行相应的判断。可惜，一个令人伤心的事实是，绝大多数人并不知道自己说话时候的真实模样，而且，我们也不知道自己给他人留下了怎样的第一印象。正因如此，绝大多数为了30秒信息所付出的努力之所以付诸东流，其原因恰恰是我们没有将同样的精力用于说话方式的构思之上，下面就是一个例子。

曾经参加过我工作坊会谈的一位商业高管站起来，说出了他经过润色的30秒信息。他了解自己的目标和谈话的内容，也使用了一个撩人的钩子，并提出了自己的要求，他甚至在谈话中加入了一些幽默的成分。但在说话的时候，他始终僵硬地站在那里，眼睛朝下看，面无笑容，声音毫无抑扬顿挫，说话就像是背稿子一样——他也确实是这样做的。其他成员对他讲话的反应都较为冷淡，他的非言语信息已经盖过了自己的言语信息。

这一事件促使大家针对非言语信息的表达进行了批判和讨论，我们得到了如下列表：

- 面部表情，包括眼神接触；

- 姿势、手势以及动作；

- 音调；

- 外表和着装。

上述内容都是你个人风格的一部分，所有这些都会投射出惹人喜爱或者令人厌烦的印象。同时还要注意，所谓的"重要的是你怎么说"既适用于不可或缺的30秒信息，也适用于整段对话或者演讲。

第九章
让自己成为完美的表达者

微笑

我认为，在所有的面部表情中，微笑是最重要的。微笑能够引发"自信"和"理解"，它是世界上最温暖的事物，前提是你要真心实意。不要自欺欺人：如果你强迫自己微笑，其他人很容易就能看出你的虚伪。为了露出真实的微笑，只要想一想令你愉悦的事情就好。在30秒信息中加入一些幽默，实属锦上添花之事。如果你带着微笑说一些有趣的事情，听众一般都会跟随你露出笑容。

人们有时候会对我说："在严肃的讨论中，我们似乎不应该微笑啊。"而我的回答是在严肃的讨论中，微笑不仅很适合，而且也是必须的。如果你所说的每件事都一本正经，那么就不存在多样性，也不存在对比。如果你的面部表情空洞、乏味，而且从头到尾没有变化，那么就不存在多样性，也不存在对比。如果所有的音乐都只有一个音调，那么你就不可能去听音乐，也根本不会在乎音乐。假如你的话语和面部表情听起来都只有一个音调，那么也会遭遇同样的情形。

"对比"就意味着一切，为了说明在严肃的讨论中，微笑如何能够产生对比效果并且令信息更富戏剧性，请大声朗读下面这个句子：

大多数关于儿童的故事都引人发笑，但关于受虐儿童的故事则令人不寒而栗。

现在请再读一次这句话，不过这一次，读到"引人发笑"时要面露微笑，读其他词语时则表情严肃。在镜子面前进行练习，你会发现，前半段句子中的微笑会让后半段句子的戏剧性加倍增长。

在你开始说出30秒信息之前，或者对其进行总结之后，微笑都能够让你留下很好的第一印象或者最后印象。微笑是将你自己介绍给听众的好方式——人类在微笑时都更具有吸引力，同时也是一种感谢他人认真听讲的好方式。

眼神交流同样能够传递很多非言语信息。如果演讲者一味盯着空白处或者紧紧地盯着自己的鞋带，就难以得到他人的注意，也会显得没有信心，事实上，正是他的状态恰恰暴露出自己缺乏自信。与一组人进行交谈时，眼神沟通比较轻松，只要抬起头，适时转换注视点的方向即可。在一对一交流的情境下，很多人会感到难以直接注视对方，而对方也可能比较反感自己被人紧盯着。即便你认为对方这样想，也要直视着他，直接的眼神接触是强调重点并且验证自己真诚度的绝佳方式。

你的面孔能够表现幽默、惊奇、错愕及忧虑等所有情绪，

第九章
让自己成为完美的表达者

一应俱全，无论单独使用，还是加以结合，都可增加30秒信息的冲击力。表情的多样性是维持听众注意力和兴趣的关键所在，没有人愿意长时间看着一堵空墙或者是一张面无表情的脸孔。切记，如果不做整容手术，你很难改变自己的五官，但你完全能够学会如何改变自己的表情，并且以此在商业战场中占尽优势。

小动作

你的动作、姿势和手势与面部表情一样具备表现力，为了证明这一点，我最近在一次工作坊会谈中做了一个小实验。我偷偷跟一位年轻女士轻声说了几句指导语，然后，她对大家说出了自己的30秒信息，堪称完美。她的面部表情非常生动，她与听众之间进行了眼神交流，可惜，在说话的过程中，她不断地拨弄着自己手指上的婚戒，结果，听众里没有一个人记住了她说的话。他们的眼睛以及全部的注意力，都被那枚婚戒吸引住了。

我让这位女士再次进行演讲，这一次，她不能有任何手势和动作。她站在那里，就像根木头一样，大家终于知道我让她这样做的深意何在，全都笑了起来。完全没有动作，与毫无意义的动作一样，都会让听众分心。最后，年轻的女士第三次演讲了自己的信息，她看起来机敏、放松、自然。当她做出手势或者有所动作时，都是为了强调自己的重点。她的口语和身体语言协同合作，给人留下了高效的印象。对于每个人来说，寓意都已不言自明：在30秒信息中，动作和语句一样不可或缺。

你的姿势——不论你是站着还是坐着，你的举手投足之间都会发送出双重层面的非言语信息：它既反映出你如何看待自己，又反映出你如何看待自己的听众。如果你无精打采地站着或者摇摇晃晃地走动，那就意味着你对自己的形象和关注自己的人毫不在意。如果你僵硬而紧张，就传达出了自己内心深处的焦虑和不安。很显然，这是两个极端，而我认为，几乎在任何情境下，你都应该展现出比较开心的中间状态——放松但又不过于松懈，机敏但又不过度紧张，即便你内心的真实状态并非如此，自我意识就是秘诀所在。当你意识到其他人是如何看待你时，就可以利用这些信息来确定自己想要展示出什么样的形象。

语调

即便是世界上最伟大的钢琴家，如果他的钢琴音准完全不对，或者键盘上只有一个音符，也无法成功地弹出协奏曲。

第九章
让自己成为完美的表达者

你的声音就是你的乐器，它的音量、音调、音高、表现性，以及你对它加以使用的所有技艺，全部都能够反映出你的心理状态，并且会影响听众对你的30秒信息的反应。如果你使用单调的语气介绍你的观点，那么听众就会昏昏欲睡。如果你的声音较为颤抖或者语速过快，很显然，那意味着你非常慌张，这也会让听众感到不适。如同面部表情和身体动作一样，任何吸引听众注意力的声音特性都会损伤30秒信息的有效性。

伟大的演员理查德·伯顿曾经使用莎翁喜剧的腔调阅读电话簿，逗得听众开怀大笑，也感觉意想不到。据说，亚伯拉罕·林肯在进行"不朽的盖茨堡"演讲时，声音极小，这种讲话方式我也并不推荐。你并不是在演讲，你是在与你的听众交谈，所以你应该将所有优良的品质——满怀热情，风格多变，不拘礼节，以及真诚不虚——都融入到自己的声音中，营造出一段良好的对话。倘若你真心相信自己所说的话，那么这将反映在你的声音之中，而后你的听众也会表示信服。

衣着打扮

没有谁能否认"你的穿着以及你的装扮方式能够释放出强烈的讯号"这一事实，除了能够让我们保持温暖、干爽和端庄的普通用途之外，人类的衣服和配饰可以清楚地体现出我们的地位、我们对自己的看法，以及我们希望他人如何看待自己。问题在于，某些情况下，这一重要的信息有可能会散佚消失或者被人误读，某些时候，它甚至是完全不适宜的。

与参加我工作坊会谈的商业人士探讨过着装之后，我发现，双方的讨论通常都紧紧围绕于两个问题：如何恰当得体以及如何脱颖而出，换言之，亦即如何穿着打扮才能融入到一个群体中又不完全被人忽略。表面看起来这似乎是一个自相矛盾的命题，但其实并不是。如果你知道自己是什么人，自己处在什么位置，希望自己变成什么样的人，以及希望自己达到什么位置，它就不会自相矛盾。只要拥有了这种自我意识，你就已经接近于大功告成了。

款式和时尚时时在变，但是，穿衣、打扮和发型的第一规则就是它们不存在任何规则，完全取决于你自身。如果你对自己感到满意，就会对自己所穿的任何衣物感到满意。必须指出，在我看来，让自己和听众都感到最不舒服的穿着方式就是试图让自己看起来更加年轻或者更加老成，抑或试图把自己打扮成显然不搭界之人。

除非你所从事的行业需要吸引他人的注意力，否则，就一定要坚持避免极端的穿着方式。同时，即便身边有很多人

第九章
让自己成为完美的表达者

都在穿着同样款式的衣服，也不要被最新的时尚潮流所吞没。当然了，你所穿着的款式和衣服仍然还是应该符合自身的特点，这样才能赋予你最佳的外表。首先，要让自己满意，但是，除非你过着穴居人的生活，你应该意识到，在某些时间、某些地点、某些场合，其他人对于你穿着打扮的观点与你个人的偏好同样重要，甚至更加重要。

就我自己而言，最让我自己感到舒适和开心的穿着是白色的衬衫、白色的华达呢裤子，配上一条白色的腰带，再穿上一双白色的鞋子，可是我在参加商业活动时绝对不会这样穿戴。我认识的某些大公司的首席执行官，空闲时间在办公室里也会戴棒球帽，但他在召开董事局会议时绝对不会这样穿戴。身着法兰绒三件套灰色西装在纽约完全没问题，但在休斯顿或者新加坡却可能属于奇装异服。动用你的想象力，做一点小事情，让自己与众不同。你可以整体保守，但配上一条亮眼的领带或者围巾，一件五彩斑斓的衬衫，但请切记，你的衣服通常都是其他人注意到的第一件事，如果你的穿着过于吸引他人的注意力，那么他们目之所及可能就只有你的衣服而已。在你开口说话之前，你的衣服和个人外表就已经为你代言了，发送出你所希望发送的讯号只是常识，其他一切都是一成不变的。

在与来自世界各地不同商业领域和不同职业的人们打过交道之后，对于穿着和外表我只有一点需要强调。从长远来看，你的衣服是否昂贵、是否时髦并不重要，真正重要的是显示出你很在乎这件事。当你非常上心地着力将自己最佳的一面展现给其他人时，对方也会更加尊重你。如果你确实不知道怎么样穿着才最为得体，那么就要花费时间、做出努力去寻找答案，同时要向朋友或者专业人士寻求建议，这同样能够显示出你对着装的在乎。

心态

某次工作坊会谈中，我向一组商业经理介绍了在30秒信息中表达自身观点的非言语信息的重要性，其中一位参与者说道："我本来以为自己来这儿是学习如何沟通的，结果却变成了演员培训。"

我根本没有感觉受到冒犯，事实上，这也为我提供了一个机会，借此指出高效的沟通确实是一种表演的形式。每一位处于职业早期的演员都非常清楚面部表情和身体动作的重要性，他们必须学习"如何利用自己的声音以及通过穿着表现角色"。演员如果做不到这一点，就根本无法诠释角色，更无法传递戏剧作家笔下的深刻内涵。正如表演工作存在技巧一样，表达自己的观点同样存在诀窍。

表情

演员既要排练台词，也要排练自己的面部表情，对他们而言，最困难的部分在于必须成为自己所诠释的角色，并且要顺其自然。由于你所表演的角色就是自己，所以绝对不可以强迫自己做出表情或者表现得极不自然。你的目标就是自发性和真诚性，你的目标就是要成为你自己。为了实现这些目的，最佳的方法是：

- 事先做好准备。

- 不要死记硬背。

- 利用个人经历。

- 言谈真诚得体。

如果你不知道自己说话的时候是什么样子，那么就应该在镜子前进行练习。了解自己在说出30秒信息时的面部表情，将帮助你确定信息的有效性。

肢体语言

运用身体去描画动作或者传递情绪就是表演的全部意义。伟大的默片大师查理·卓别林，曾经创造出了诸多不朽的角色和令人捧腹的漫画式场景，而且没有使用一句台词。你的舞台相对而言要小得多，很可能是一间办公室或者一间会议室，再次重申，你要尽力表现得自然一些，不要过于漫画化或者戏剧化。那么，你是应该坐着还是站着说出30秒信息呢，哪一种姿势更加有效呢？只要条件允许，你就要站着，这样做总是更加高效的，因为你可以在强调重点的时候更自如地做出手势或者移动身体。

　　你无法像演员一样，在日常工作或者彩排录像中观察自己，但是，只要架起一台摄像机，你就可以看到自己在他人眼中的样子。正因如此，在所有的工作坊会谈中，我都会使用摄像机。第一次在电视屏幕上看到自己永远都是一种令人吃惊的体验，"天哪，我看起来太糟糕了！""那个真的是我吗？""我真的会那样做吗？"这些只不过是典型反应的少数摘选而已。每一个人事先都设想不出自己的外表和声音是什么样子，不过，一旦你知道自己在他人眼中和耳中是何等模样，即可着手做出改进。

　　如今，任何人都可以轻松地低价购置视频器材，在我看来，这是一种无与伦比的学习体验。我永远都忘不了一次工作坊会谈结束之后，其中一位参与者萨姆对我说："米罗，这次会谈对我来说真是无价之宝啊，我真的了解到了很多东

第九章
让自己成为完美的表达者

西。"当然了，培训非常精彩，我一边暗忖，一边喜不自胜，"你详细解释一下吧，"我谦虚地说，"你学习到了哪些东西？"萨姆答道："在我观看了自己的录像带之后，我觉得自己应该减重50磅。"

声音

声音是演员最重要的工具，它也可以成为你的工具。多数人都不知道自己看起来是什么样子的，更多的人不知道自己听起来是什么样子的。对着录音机说几分钟话，然后回放，可以揭示出很多东西。你马上就能发现自己语音中缺乏多样性或者色彩之处，声音是太大还是太小。你的发音是否清晰？你是否恰如其分地强调了自己的重点？如果没有，就要抓紧练习。

在30秒信息中，强调重要句子的最佳方式之一就是在说出句尾几个词时声音要更为轻柔，让我们用下面这个句子来试验一下这个技巧。请用正常的语调阅读句子的前半部分，但是读最后几个词时，声音要基本接近于轻声细语。

如果我要强调什么事，我的声音……就会变得轻柔。

使用这个技巧之后，你会发现，听众会更加认真地去聆听最后几个词是什么，你捕捉到了他们全部的注意力。

How to get your point across
in 30 seconds or less

另外一种吸引注意力的方法是停顿。停顿是最有价值的言语技巧，因为它的功能多种多样，它能够强调你讲话中的重点，能够赋予你进行思考的时间，能够为听众提供一个聆听、吸收并且记忆你所说内容的时间，它还给了你判断听众是否明确理解的机会。

很显然，在30秒信息中，不可能停顿15秒钟。但是，如果你在重要节点上停顿一到两秒，将发现它会为你的话语带来意想不到的戏剧性。

请阅读下面这个句子，在"注意时"三个字之后稍作停顿：

当我希望获得听众的注意时……我就会停顿。

在30秒信息中使用这一技巧，你会发现，听众在那一短暂停顿的瞬间将是多么专注，他们将迫不及待地去聆听你接下来要说的话。

将上述所有的言语和非言语技巧加入30秒信息中，你将成为一名高效的沟通者，但请切记，你的目标是要顺其自然，做你自己。

对于30秒信息中的言语部分和非言语部分而言，规则基本上是别无二致的：了解你的目标，了解你的听众以及了解自己的方法。甄选的语句必须能够给你的听众留下最积极的印象，并且能够最高效地帮助你达成目标。之后，还要确保说出这些语句时自己的形象也能够帮助你实现同样的目标。

30秒内读本章，注意这些就对了

第一印象或许是最为持久的印象，务必要确保它们是好印象。

如何表述自己的30秒信息通常要比信息的具体内容更为重要。

如果你的面部表情，尤其是你的笑容足够真诚、恰如其分，那么它们就会令你的30秒信息更加高效。

你的动作、手势和姿势应该将听众的注意力吸引到30秒信息之上，不能喧宾夺主。

在表述30秒信息的过程中，为了营造出良好的对话状态，要坚持下列优良品质——生气勃勃，热情洋溢，风格多变，不拘小节，同时还要真诚以待。

你的穿着和个人外表会发送出强烈的信号，必须确保这些信号对你有利。

做你自己。

How to Get Your
POINT ACROSS
IN

30

Seconds or Less

第十章

演讲也要遵循30秒信息原则

Part

10

CHAPTER TEN ONE OR THOUSAND

第十章
演讲也要遵循 30 秒信息原则

　　会议演讲者无休无止地进行演讲，让你不胜其烦，迫不及待地想逃离会场，你曾经有过多少次这样的体验呢？前不久，我去澳大利亚参加一位重要政治人物举办的晚宴，这位绅士大概演讲了45分钟，但是，那次讲话其实都称不上是"演讲"，只不过是在朗读自己的稿件而已，他的目光基本上都没有从讲稿上离开过，没有引起听众任何的共鸣，结束之后，没有一个人记得他说了什么。这不仅是对听众时间的浪费，也是对于演讲者展现自己机遇的浪费。

　　我也永远忘不了，在新加坡的某个场合，演讲者本来让好几个人昏昏欲睡了，他突然停止说话，一声不吭地走下讲台，径直离开了房间。我们都感到困惑不已，每个人都精神起来了。他究竟去干什么了？发生了什么事？大家开始交头接耳，就这样过了五分钟，然后，每一个人都听到大厅的后侧传来了冲马桶的声音。不一会儿，演讲者又回来了，若无其事地继续说话，大家的交谈戛然而止。我认为他所准备的讲稿中一句话也没有落下，而现在，他终于吸引了所有人的注意力。

演讲就是扩展版的30秒信息

电视以其与受众的亲密性已经改变了很多公共演讲的规则，如今，最优秀的演讲者必须能够与听众之间建立起同样的亲密性。他们既显得自然而然又令人信服，他们知道，"对一千个人讲话"和"对一个人讲话"之间不存在本质的差异，他们使用的是相同的基本技巧。

但是，如果说任何听众天生的注意广度都只有30秒钟，你又怎么能维持他们的注意长达两分钟、三分钟、五分钟或者十分钟呢？其实，只要将自己的演讲看成拓展版的30秒信息，就不再显得如此棘手了。在你着手准备演讲之前，就要了解自己的目标，了解自己的听众，了解自己的方法。要思考出有效的说话方式，借以引出演讲内容中关于何事、何人、何地、为何以及何时等信息，选定一个吸引人心的钩子和有效的收尾。在你说出自己的话语时，要使用清晰的语言、形象化、个人逸事和经历，以及最能够实现目标的情感化内容。

第十章
演讲也要遵循 30 秒信息原则

从整体上勾画出演讲框架之后，即可雕琢各个组成部分。你想表达的关键点或许不止一个，须将它们每一个都视作一段独立的30秒信息。在你进行演讲的两分钟、三分钟、五分钟或者十分钟内，你将有机会提出并且解答多个引人入胜的问题，描画不只一幅图像，使用不只一段个人逸事或者经历。保持听众精神振奋并且对你的30秒信息感兴趣的策略，在时间较长的演讲中同样有效。我曾经咨询过一位著名的大厨，给两个人准备晚宴和给五百人准备晚宴之间存在什么差异，他回答道："没有区别。我使用的配料都是一样的——只不过更多而已。"

演讲不能做的事儿

死记硬背

永远不要死记硬背！如果你努力去记忆演讲稿中的每一个词语，就无法与听众进行交流。如果你不慎忘词，之后又要如何收拾残局呢？

《一号演播室》是直播电视黄金时代最为流行的节目之一，在一次令人难以忘记的广播中，主要场景是一架飞机的客舱内部。飞机高度是三万英尺，位于中国西藏的群山上空。

客舱内，三位男演员正在说话，突然，所有人都哑口不语，其中一位演员忘记了自己的台词。没办法再重拍一遍，也没有办法停止直播，就是这样。数百万的观众死死盯着黑白屏幕，期待着接下来会发生什么。那位演员做了什么呢？他站起身，在西藏群山之上三万英尺的飞机客舱中，说出了自己不朽的台词："好吧，这就是我下机的地方。"随后，他离开布景台，走进了历史。

假如你把演讲内容死记硬背下来，那么如果忘掉其中某一句台词，就不得不在西藏三万英尺上空跳离飞机——而且，还没有降落伞。即便你能够回想起演讲稿的内容，倘若一味死记硬背，那么文字材料就会控制你，而不是你掌控文字材料。必须掌控你的文字材料，不可一味死记硬背，死记硬背会让你加倍地感到不自然。

朗读演讲稿

永远不要向听众朗读演讲稿！书面语和口语之间存在着显著的差异，它们属于不同的表达形式。精心谋划、文辞优美的演讲稿或许在纸面上看起来动人心魄，但在朗读出来之后，则可能让人昏昏欲睡且毫不自然。

那么，你既不可以死记硬背，又不能朗读演讲稿，你应

第十章
演讲也要遵循 30 秒信息原则

该如何做呢?

演讲前应该做的准备

我认为,演讲之前,必须将其内容撰写出来。你应该遵循若干具体的步骤,确保自己可以使用最自然的方式表达相应观点。

确定讲话大纲

使用与30秒信息同样的若干元素,目标、方法、钩子、收尾等,都一模一样。只是内容有所改变,你可以更加全面深入地加以筹备。

写下你的内容

根据你所罗列出的大纲,填入你希望强调的所有事实和观点,包括何事、何人、何地、何时、为何,以及如何,不过以粗略的草稿形式加以总结即可。

将内容简化为提要

按照粗略的草稿内容,在五寸长、三寸宽的纸板上记下所有的关键词,借此提醒你要说的话。写字的时候纸板应垂直放置，如此，真正演讲时，纸板握在手掌中就不会显得那样刺眼。较大的纸不便持握，而且也会分散听众的注意力。五寸长、三寸宽的备注板就相当于公路地图，能够引领你去往自己理想中的目的地。而且，由于使用的是关键词而非全文本稿件，你在演讲时，会感到更加自然，因为一切都是你自己的语言。

下文将提供一份精简版的演讲稿，演讲人是某家提供公众服务的电话公司的代表，听众则是各行各业的民众。首先，大家会看到演讲稿的大纲形式，之后，可阅读演讲全文，旁边是备注的关键词，出自粗略的草稿，且写在五寸长、三寸宽的纸板上。

演讲大纲

目标：帮助听众认识并使用911电话

方法：为了自己的生命安全，拨打911

主题：911系统的简要介绍

钩子：紧急状况下向谁求助

（一）一千人中无一人能够记住紧急电话号码。

（1）拨打"○"键。

（2）但是不下80个紧急电话号码，宝贵的时间被浪费掉了。

第十章
演讲也要遵循 30 秒信息原则

（二）更好的方式。

　　（1）议员查尔斯·华伦提议在加州开通911。

　　（2）至1986年开始生效。

（三）电话公司千方百计进行推广。

　　（1）只限于加州部分地区。

　　（2）911将在特定时间节点前完成。

收尾：拨打911，这样做可能会救你一命。

演讲稿	提要
各位家里是否曾经发生过医疗紧急事故呢？你是如何处理的？你向谁打电话求助？你是否知道当地医院或者救护车中心的电话号码呢？	医疗紧急事故 向谁打电话
为了自己的生命安全，请拨打911。	911为了生命安全
研究表明，一千人当中，都难以找出一个知道所在社区的火灾、医疗或者执法紧急电话的人。	千中无一
无论过去还是现在，人们在遭遇真正的紧急状况时，一般都会拨打"〇"键，接通当地的电话操作员，请对方查询正确的号码或者直接转接电话。	拨打"〇"键

演讲稿	提要
不过这样做会浪费宝贵的时间，而且，仅仅在我们地区，就存在不下80个紧急电话号码，所以，使用其他方法缩减紧急情境下反应时间的需求呼之欲出。	时间宝贵 80个紧急电话号码
答案已经出现了，那就是911。男议员查尔斯·华伦提议，在加利福尼亚全州使用911作为普遍适用的紧急情况报告电话。这一提案顺利获得通过，根据其内容，在1986年初之前，所有的911系统都必须建立完成并投入使用。	911 查尔斯·华伦 1986年
为了在时间节点前完成任务，加利福尼亚电话公司千方百计地提供先进的器材，供911系统使用，但这一系统实在太过复杂，而且成本极高。正因如此，加利福尼亚州目前只有部分地区开通了这一服务。	复杂 昂贵
我们是非常幸运的，本地区现在就拥有911服务系统，所以，如果各位家中不幸出现了紧急状况，请拨打911。	拨打911
没错，拨打911，这样做可能会救你一命。	救你一命

第十章
演讲也要遵循 30 秒信息原则

演讲时要注意的方面

在恰当的时机使用提要

确定提要之后，即应使用它们排练演讲稿——次数要尽可能的多。演讲者不熟悉，甚至无法阅读自己的提要是最为分散听众注意的事。你会发现，每使用提要进行一次彩排，你的演讲就会发生一点改变——变得更好。

但是，不当使用提要是非常棘手的一件事。我曾经见过一位政治家在集会上使用提要介绍自己的父亲，试想这将给他的信誉带来怎样的影响！

演讲之初永远不要观看提要，至少，前两三个句子不要察看提要。这是至关重要的一段时间，你在讲话时必须显得自然、胸有成竹。你能想象自己与某人第一次会面，握手时对方就开始偷看提要，然后开始对话吗？

演讲时，只有在必要情况下，方可使用提要。低头看提要时，不要继续讲话，同时，抬起头时，要稍作停顿，然后再面对听众进行演讲。当你理清自己思绪时，要短暂地盯着听众，不要说话，这会让你的观点印刻在听众的脑海之中。完全盯着提要会破坏掉你与听众之间的融洽关系，使你的声音变低，并且削弱你所讲述的内容。不论什么时候发表演讲，你都要对着听众说话，不能一味盯着提要。

还有一点需要注意，当演讲接近尾声时，你应该放下自己的提要板，不看提要完成自己的演讲，永远不要让提要成为你和听众之间的隔阂。

自如地展露本色

你是否曾经在演讲者登上讲台之前与其进行短暂的交流呢？那才是真实的他，与你闲谈，笑容满面，神气活现，为人友善，之后，他开始进行演讲了。所有的人性居然都消失不见，他变成了一个机器人，那是因为，绝大多数人都误以为他们需要进行正式的演讲。但是，登上讲台的目的并非进行演讲，而是与听众之间开展沟通交流。不论听众有多少，你都应该将其想象成自己在起居室与之交谈的一个人，这样你就能够更加自如地展露本色。当然了，你会感到紧张，即便是那些经验最为丰富的人，也会感到紧张。不过，一旦你融入到自己的演讲中之后，所有的紧张都会烟消云散。你进行过彩排，准备好了提要，因此，不要因为担心自己紧张而感到紧张。

第十章
演讲也要遵循 30 秒信息原则

展现良好的个人形象

无须惊讶，在演讲过程中，你的个人风格和形象与你的30秒信息所形成的印象一样重要，甚至更加重要，听众们拥有更多的时间去观察你，并且同化你所形成的印象。但从积极角度来看，演讲者也拥有更多的时间去确保自己所留下的是好印象。与30秒信息相比，演讲通常都是在更加正式的场合下进行的，听众也绝不仅仅限于一个人或者少数几个人，而是一大群人，演讲实际上就是一场演出。

我们曾经探讨过，在表述30秒信息时，你可以通过面部表情、手势和动作、声音，以及外表来传递非言语线索，同样的基本原理也适用于演讲的过程。不要做任何使听众的注意力从言语内容上移开或者与言语内容相悖的事情，至关重要的一点是要真诚而自然——做你自己。

除此之外，还有以下几个小技巧可以为你的演讲锦上添花。

在开始演讲之前，就要与你的听众建立起融洽的关系，要保持微笑，并且进行眼神交流。要看着你的听众，不要盯着他们头顶的空气，要让每一个人都感觉你在直视着他，而且，要针对听众的反应做出反应。假如你发现他们的注意力处于游离状态，就要想法设法让他们全神贯注起来。

利用手势和动作来强调并且重申演讲中的重点部分，自然即可。绝大多数情况下，只要你让自己的演讲富有个性，并且不再去纠结于自己的手势，那么它们就会是自然的。只要有人问我："我应该怎么摆放自己的手臂？"我就会给他讲一个关于蜈蚣的故事。曾经有人问蜈蚣它走路的时候先迈哪只脚，蜈蚣想了又想，想了又想，到最后，它再也不会走路了。

排练演讲时，须细心观察自己的手势和动作。你可以对着镜子观察自己，邀请亲朋好友对自己进行观察和点评，当然，效果最好的还是对排练过程进行录像，公司一般都配有相关器材。如果没有，则可以较合理的价格租赁。

如有可能，尽量不要使用讲台或者麦克风。的确，讲台上可以很方便地放置自己的提要，但它同时也成了你与听众之间的"一堵墙"，而从屋子里遥远角落的扬声器发出的声音也会和你本来的音色大相径庭。只要情况允许，都要站着与你的听众进行直接的交谈，提要可以藏在手掌中，供提示之用。这样，你会感到更加自由，更加放松，听众也将拥有同样美妙的感觉。

每隔30秒就做一些小改变

多样性是你演讲的调味品，没有了它，你所说的每个字

第十章
演讲也要遵循 30 秒信息原则

都是枯燥无味、毫无效用的，而且，听众们也不会欢迎你。

此刻，相信你已经十分清楚，人的注意广度就只有30秒钟而已，切记，听众们对于演讲的注意广度同样也只有30秒钟，这意味着如果你想维持听众的兴趣和注意，就必须每隔30秒就做一些不同的事情。

你可以微笑，打手势，向前迈几步，改变自己的位置，大声讲话，声音放轻柔，加快语速，放慢语速，暂停，提出没有实质性内容的问题，幽默一下，夸张一下，或者转换一下情绪。与其他技巧一样，为言语和动作增添动作起初会让自己感到不适，不过只要有信心，它就会变得自然而然。

用个人故事增强可信性

面对一组人进行讲话时，取信于人就是第一要务。你要让听众知道他们为什么能够信任你，简单的几句树立威信的话就可大幅增强你的可信性，更有效的一种做法是通过个人的逸事与听众的经历建立起关联，并且向大家表明，无论你身份如何，是董事会主席、著名的天体物理学家，还是冠状动脉架桥术的专家，说到底你仍然是一个有血有肉的人。

以下是一名采购员为了取信于一大群生产制造商的话语，"几年之前，"他说道，"某一产品的价格让我觉得略高，因此，我没有为公司采购这一产品。结果，另外一家公司购买了该产品，并且赚了很多钱。我满脸羞愧，但也因此获得了一条重要的教训。我终于知道，价格并不总是唯一的考量因素，正因如此，我的公司才有幸在过去四年间连续拥有七件顶尖销量的产品。"

这名采购人员成功地运用个人早年失败的逸事说明了自己的工作能力，这一技术姑且可称作"让自己成为一个有血有肉的人"。

按照30秒原则做自我介绍

受邀为人做演讲时，总会有人向大家介绍你。通常情况下，你都要把自己的简历寄过去，由他人对其进行整理，再以其为根据介绍你。或者，演讲之前，会有人给你打电话，询问若干问题。不论是哪种方式，你所能做的就只有被动地等待而已。

还有一种更好的方法，只需遵循两个简单的步骤，对于你的介绍就可为你的演讲开一个好头。

首先，确定由谁介绍你，在演讲前的一两天，向那个人提供介绍你所需的必要信息。

其次，也是更好的一种方法，就是亲自撰写个人介绍。

第十章
演讲也要遵循 30 秒信息原则

我的一位朋友，曾经也是我的一名客户，在威斯汀豪斯广播公司担任高管，他的职责之一就是在电视上介绍诸多来宾。我问他："如果有人自己写了个人介绍交给你，你感觉如何？这样做是否过于冒昧呢？"

"一点都不，"他回答道，"那简直是太棒了，既节省了我的时间，也让我更加轻松，而且介绍的方式也非常符合来宾的喜好。"

静下心来想一想，一段简介，不论是自己撰写还是出自他人之手，其最纯正的形式都属于一段30秒信息，长于30秒的介绍就是一段演讲。30秒信息的所有基本原则和策略都适用于自我介绍，唯一的区别在于明智的介绍应该为演讲者在开场白中所使用的钩子做好铺垫，下面就是一个例子。

南希·亚当是一家公关公司的主席，她曾经向一组小企业主演讲"如何让自己的企业受人关注"，以下是她亲自撰写的个人简介：

"如果你想在这座城市寻找一位演讲者，为你介绍'如何令自己的企业受人关注'，你会选择谁？我相信，南希·亚当这个名字绝对位列榜首。南希的职业生涯从一个小企业——一家花店开始，她的花店后来大获成功，因为她意识到了公关的重要性。如今，南希拥有本市最优秀的公关公司之一，她的客户中不仅包括诸多小企业，还有若干大公司。现在，她仍然拥有那家作为成功起点的花店。有请南希·亚当。"

在上述个人介绍之后，南希顺势而为，说出了自己的开场白："我的客户和鲜花有很多相似之处，两者的美妙程度都取决于其展现给公众的方式……"她为自己赢得了"开门红"。

从容结尾，让听众意犹未尽

一位知名舞台演员曾经告诉我："你知道吗，塑造角色对我而言从来都不是什么难事，真正的挑战在于登上舞台，再走下舞台。"这一点即使对于诸多经验丰富的演讲者而言亦仍然适用。精心撰写的个人介绍，加上巧妙的开场语可以解决前一个问题，但后一个问题则着实难以处理，你有多少次听到演讲者不知道什么时候或者是用什么方法进行收场呢？再一次，我借助演员的经验提出建议："永远都要让听众意犹未尽。"

依我之见，没有任何演讲应该超过十或十五分钟，但不论长度如何，演讲都应该在听众希望其结束之前迅即结束。当然，这并不意味着演讲者要在话说到一半时戛然而止，也不意味着演讲者不完全表达出自己的观点，但它的确意味着：在准备演讲稿时，开头的几句话和结尾的几句话都应该牢牢记在自己的脑中。为了确保讲话的多样性和自发性，在头尾之间可尽情发挥，不过对我而言，演讲在某种程度上类似于讲笑话，唯一不能说漏嘴的就是"包袱"。了解自己结束演讲的方式之后，你才能知道自己应该瞄准哪个目标，知道自己应该为之前行的终点。而在你实现了那个目标，到达了那个终点后，即应面露微笑，感谢听众，然后落座。

30秒内读本章，注意这些就对了

不论你的听众是一个人还是一千人，30 秒信息的基本原则和策略都同样适用。

不要死记硬背。

不要阅读演讲稿。

为演讲列出大纲，写出粗略的草稿，然后将其简化为提要，写在五寸长、三寸宽的纸板上。

为演讲进行排练，无论是语言还是动作，都应该竭力追求自发性、多样性和自然。

必须取信于听众，通过个人逸事构建自己的可信性。

亲自撰写个人介绍。

知道何时收场。

How to Get Your
POINT ACROSS
IN
Seconds or Less

第十一章
30秒信息原则适用于任何场合

Part

11

CHAPTER ELEVEN   ANY TIME, ANY PLACE

第十一章
30 秒信息原则适用于任何场合

在当今时代的大多数商业领域内，演讲者在讲话结束之后都要接受他人的提问，30秒信息就是应对这种问答过程的完美方式，使用它可以简洁地回答任何问题，且都恰如其分。你可以用它强调自己已经谈论过的内容，或者介绍并解释全新的观点。

记者招待会的完美答案

记者招待会就是30秒信息实时发挥效力的完美展示舞台。简短地介绍一些基本情况后，召开招待会的人就要主动接受他人的提问。问题通常都是千奇百怪的，有些问题可能与事先准备好的材料关系很密切，只需做出进一步的评论或者详述，而有些问题则可能完全出人意料。应对这一情景的秘诀就是事先进行精心的准备，发言者必须设想并且准备回答任何类型的问题，但面面俱到显然是无法实现的，这就需要30秒信息的基本原则和策略发挥效力了。不论面对什么提问，优秀的发言者都会在脑海中预览自己想要表达的观点，他对于自身目标、听众、方法以及内容的掌握，可以协助他构思出直接、简明、轻松而且有效的答案框架。简而言之，即为完美的答案。

我和同事最近举办了一次培训，参加者包括苏格兰厂（伦敦警察厅）和加拿大西北部骑警的高级代表、美国若干大城市的警察局局长，以及联邦调查局的特工，所有人都极其擅长提出问题，但不那么善于回答问题。事实上，大多数人对待媒体都习惯于采取"不予置评"的态度，并且保持低调的姿态，但他们逐渐意识到，这样做反而只会激发出其他人的好奇心，然后招致更多的问题。

在培训中，他们掌握了一种新策略，能够应对哪怕是难度最高的问题。他们至关重要的一点认识是：回答问题实际上赋予了发言者说话的机会。你必须尽可能简洁而真诚地回答问题，但更重要的是在那之后，你就要利用这一机遇，表达自身的观点。下面是我在培训中提及的一个示例。

在某一城市公园发生一系列犯罪事件后，临近街区愤怒的民众开始要求当局采取行动。一位警察队队长同意回答民

第十一章
30 秒信息原则适用于任何场合

众的疑问，一名市民愤怒地询问为何至今为止没有抓获任何嫌犯。"虽然我们现在掌握的线索十分稀缺，"这位警察队队长说道，"但我们仍然在追踪所有的蛛丝马迹。同时，我们还在本区域内布置了警力进行巡逻，夜间光照条件亦有所提升。我们的公园如今已经更加安全了。"警察队队长回答了诘问——尽管这答案可能并非愤怒的市民所乐见的，但他借此安抚了民心，而且表达出了自己的观点。

执法者使用了这一技术之后，他们的思维也为之一变，他们不再惧怕访问，反而对其充满期待。同样的策略亦将帮助读者成功应对任何问答情境——不论是与商业组织之间的对话，与办公室同僚的交谈，还是美国国税局的税务审计。

职场中的问题转变

同样的策略亦适用于一对一的商业情境，表达自己观点的机会几乎总是近在眼前。即使希望渺茫，你也可以自己创造机遇。下面就是详细的方法。

约翰·康威是一名人力资源助理主管，正在准备召开一次雇员和工会之间的会议。会议的主题属于技术层面，而且难度较高，因此，他希望聘请一名顾问。这一提案必须得到他上级的许可，不过上级事务繁忙，约翰知道自己必须言简意赅，他精心准备了自己的30秒信息，并且等待最佳时机，提出申请。

　　倘若，在例会召开过程中，上级直接问起了即将召开的会议，约翰固然能够对答如流。但是，如果上级提出的疑问驴唇不对马嘴又该如何呢？某些策略可以作为应对之法。

　　在同样的情境下，约翰的老板可能说："对了，医疗保险报告你完成得怎么样了？"约翰的答案是："下周二就会放在您的办公桌上，同时还会交给您一份我们下次与工会的商谈要点，顺带说一句，其中有若干重要问题尚待定夺。我认为我们应该咨询专家的意见，我建议公司雇佣一名咨询师……"情急之意，约翰回答了问题，但随后，他就巧妙地将话题引到了自己想要表达的观点之上。

　　不论如何，我们总是能够想办法做到既回答原来的问题，又将其转变到自己想要表达的观点之上，关键就在于"转变"上。以下就是你从"回答对方提问"到"说出预先准备的30秒信息"的转折语。

　　"那件事我并不清楚，但让我跟你谈一谈……"

　　"你绝对是正确的，另外，还有一个问题是……"

　　"我确定那是正确的，还有一件事情我很确定，那就是……"

　　"这件事可以明天再处理，有一件事必须立刻处理，那就是……"

"我很同意你这个观点，但我相信你也会同意……"

你将发现，无须多加练习，转变也会变得十分轻松，尽管刚开始的时候你会感到自己有些做作。不过这一技巧绝非奸诈或者不诚之举，你只不过是在清晰而简洁地表达自己的观点而已，这一观点恰恰就是你开展对话的原因，这难道不正是沟通的意义之所在吗？

成功的电话交谈

亨弗莱·鲍嘉去世之前的几年，拒绝上电视——当时多数的巨星尽皆如此。作为哥伦比亚广播公司电视部门艺员选拔与选角主管，我非常希望说服鲍嘉，但一手提携起鲍嘉并且当时仍然担任其经纪人的塞姆·贾非说："放弃吧，米罗，无论如何，他都不会上电视的。"

我知道肯定会有好方法，最终，我有了一个主意。鲍嘉当初正是因为在话剧《石化森林》中扮演曼迪公爵一角而声名鹊起，之后，该剧的电影版上映又奠定了其电影事业的根基。我与电视公司内部的高层进行了交谈，告诉他们，如果公司制作《石化森林》的电视特别版，就"非常有可能"请鲍嘉出山。

他们说："好吧，可以制作，但前提是你要请到鲍嘉。"

塞姆·贾非允许我给鲍嘉打一通电话。我知道，鲍嘉非常珍视自己的时间，倘若我无法在30秒之内表达出自己的观点，就会功亏一篑。我左思右想，准备好了自己的30秒信息。

我拨通了鲍嘉的电话，介绍了自己的身份之后，我说道："鲍嘉先生，在您整个职业生涯中，哪部作品称得上最激动人心、最重要而且最令您拥有成就感的呢？"我吸引了他的注意力，"是《石化森林》，不是吗？"

他答道："当然是。"我能够感到他声音中所蕴涵的热情。

"我们哥伦比亚广播公司计划制作这部话剧的电视特别版，"我说，"这将是一个大项目，我们会确保其拥有应得的重视与品质。尽管如此，我们深知，没有您的演出，它就无法与旧版比肩。"我暂停了一会儿，我几乎能够听到鲍嘉在想："他们想要让我出马，不过即使没有我，他们还是会制作这部剧。"我本来就知道，或者本来就希望他会这样想，他无法忍受由其他人来扮演这个令自己一举成名的角色。我不敢跟他说如果他拒绝，那么这部剧就无法制作了，这样一来他就会迅速"逃脱"。"我们迫切地希望由您扮演曼迪公爵，"我继续说道，"您愿意拨冗参演吗？"当时，我的的确确是屏住了呼吸。

第十一章
30 秒信息原则适用于任何场合

"米罗,"他说道,"你知道我不上电视,至少目前是。"

"鲍嘉先生,"我说,"有您出演这个角色,这出戏才能达到其应有的艺术水平。我们会为它感到骄傲,您也会为其感到自豪的。"

电话那头的声音消失了很久,之后,鲍嘉说道:"你的确了解我的弱点在哪里啊,是吧?我会出演的。"

30秒信息的应用毫无限制范围,电话交谈就是其大显身手的一个好舞台。

商业人士理所当然就是忙忙碌碌的,通常,他们都没有过多的时间去接打电话,尤其当他们知道对方费尽口舌也表达不清自身观点时。在30秒之内表达清楚自己的观点可以彻底扭转这种局面,一旦你的商务伙伴知道你一向是言简意赅之人,他们就愿意与你交谈,也会迅速给你回电,你会轻松实现自己的目的,还能节省不少电话费。

我们都曾经接到过推销电话。你不认识打电话者,打电话者也不认识你,事实上,你的号码很可能是由电脑程序拨通的,而打电话者知道,他只有30秒的时间来吸引并且维持你的注意力,然后表明自己的观点,否则,你就会挂电话,显然,打电话者必须精心准备自己的话语。

当你拨打商务电话时——不论是为了销售产品、贩卖服务、预约采访、安排会议、查询信息，还是投诉建议——你都应该进行同样精心的准备。拨打电话之前，务必了解你的目标、你的听众以及你的方法。用吸引人的钩子抓住对方的注意，简洁地解释你的内容，然后再提出自己的要求。打电话的目的是为了节省时间，而高效的30秒信息恰恰是确保不浪费听众时间或者自己时间的最佳方式，它在我给亨弗莱·鲍嘉打电话时有效，也同样会对你有效。

但是，如果你根本无法联系到自己想找的人又该怎么办呢？秘书或者助理会说："很抱歉，他现在正在开会（打电话，不在办公室），你介意留下口信吗？"你当然很介意留下口信了，不过你仍然要留下恰当的口信。这口信并不会是你所预备的完整版30秒信息，但它应该包含你拨打电话的原因，以及对方必须回电的原因——所有这些都要在几句话之内表述清楚，要让秘书方便记录，并将其与你的姓名和号码一起报告给她的老板。倘若你的名字比较陌生，对方十有八九都不会回复你的电话，除非他知道你需要什么、知道回电对他又有什么好处。

令人迅速回电的答录机信息

本节仍以电话作为主题。如今，电话答录机已经成为生

活中不可分割的一部分，但基本上，你每次拨打电话，听到
的答录机内容都是："你好，这里是弗雷家。不好意思，我
们现在不在家，但会马上回来，这是我们的电话答录机，请
在'哔'一声之后，留下您的姓名和电话号码、您拨打电话
的时间，以及其他任何重要的信息，我们会尽快回复您的电
话。切记，不要在'哔'一声之前留言。谢谢。"

"哔"。

我知道，给弗雷家打电话时，听他们答录机信息所浪费
的时间远远多于我表达自身信息所用的时间，因此，如无必
要，我都不会给他们打电话。

打电话时，答录机里有音乐，有笑话，还有专业录制的
信息，我全都听过，有时候，这会让我很迷茫，自己究竟在
给谁打电话。虽然答录机能够赋予你娱乐一下的机会，但其
信息越简单，打电话者才可以更加轻松地留下自己的信息。

没有谁发自肺腑地喜欢与机器交谈，事实上，有些人听
到电话答录机的声音就会感到很紧张，甚至呆若木鸡，不知
道该说什么。针对答录机设置的标准化30秒信息可以解决这
一难题，其实，它非常简单。假如你一录音就感到紧张，那
么只要把想说的话记录下来，放在电话旁，一旦听到答录机
的声音，照念就好。以下就是范例。

你好，我是……〔你的姓名〕。我打电话的原因是……〔你打电话的目的〕。很遗憾没能与您交谈。请在您方便时给我回电。我的联系方式是……〔你的电话号码〕。谢谢你。

即使接电话的是服务人员而不是答录机，你也应该坚持留下自己的号码，这可以节省对方的时间，他们回电的速度也将更快。再强调一次，如果对方并不认识你，一定要给他一个回电的好理由。

30秒推销游说

如果一名销售员能够通过电话成功推销，那说明他非常优秀。绝大多数情况下，这种电话充其量只能作为会面或者访谈的铺垫。推销游说的目标是活生生的人，因此，30秒信息——不论是口头还是非言语的所有基本规则和技巧，都可以发挥最大的功效。优秀的销售商在推销之前就十分了解自己的目标、自己的听众以及自己的方法，他熟悉自己的产品或者服务，也深知为什么其对潜在的客户或者顾客有利。他会提出自己的请求，即便只有在下一次会面时他才能够更加深入地解释自己所售卖的产品。以下就是一个示例。

道格是一家空调公司的市场代表，他来到了一个潜在商业客户的采购部门，他认识采购部的一把手——卢米斯先生。

尽管卢米斯先生事务缠身，不胜其烦，还是抽空接见了道格。可惜，在双方寒暄的过程中，道格意识到当天并非营销的好时机。他感觉如果明天能够再次相约见面，他成功的概率将会大增，他迅速构思出了自己的30秒信息：

"卢米斯先生，大楼内部的温度高低真的存在什么影响吗？想必您知道，答案是肯定的。大量研究表明，处于某一温度范围内时，人类的生产力更高，也会感到更加幸福。我公司的新产品绝对物超所值，值得您出资购置。跟其他空调设备相比，它拥有与众不同的两大特征。我是否可以明天再来拜访贵公司，为您演示我们的产品呢？"

这位营销人员引发了采购部一把手的兴趣，他的话语简洁明了，阐述有理有据，最终，他成功地获得了再次约谈的机会，并且售出了产品。

与之相比，绝大多数销售人员与潜在客户之间的交谈都要远超30秒钟的时间，有时候要跟其他合伙人开会，还有些时候甚至要一起吃吃喝喝。但是，无论时间长短，无论是哪种商业或者社交情境，在恰当的时机提出30秒信息仍然是你表达自身观点并且产生持续影响的不二法门。如有必要，要反复强调该30秒信息，前提是你务必做好排练，每次都用稍显不同的方式对其进行阐释。"不断重复"是广告所使用的标准化技术，广告致力于将一句口号或者商品名牢牢地印刻在潜在消费者的脑海当中。你的目标或许跟广告一致，考虑到30秒信息中所包含的诸多技巧，表达自身观点的策略可谓千变万化。最后要提醒大家的是，营销永远属于一种双向的对话，一旦在你展示了自己的观点之后，对方总是会提出问题的。再次强调，此时，30秒信息就是回答问题并进一步说明自己观点的绝佳方式。

会议流程和发言的制定

我认识的所有职场人士都无一例外地认为公司开会太多，会议时间太长，会议议程太过无聊。其实，开会并不一定要如此折磨人。商务会议之所以总是效率低下、催人入睡，其原因在于参与者事先没有做好充分的准备。要介绍的背景情况太多，要讨论的主题和内容太过繁杂，要进行的抉择太过困难。参与者必须在开会前就缩小范围，如此，大家方可对关键问题进行细致的讨论并且最终做出合乎逻辑的决断。会议必须设定一份具体可行的议程，而这一职责应该由会议组织者承担。

30秒信息的基本原则可以用于议程的制定。首先，明确会议的目标——你希望借由会议实现什么目的。其次，明确达成目标的可行方式或方法。之后，明确大家需要讨论的内容。最后，提出你的需求，也就是每一名参与者都要使用30秒信息说明其观点或者建议的关键条件，这一议程会强迫与会者进行深入的思考和充分的准备。乍看起来，这样增添了与会者的工作负担，但长远而言，则可节省大量的时间和资金。下面就是一份简单的会议议程。

目标：提升本公司的现金头寸

方法：是否出售城镇非商业区的地产

待讨论内容：

（一）城镇非商业区的地产利润率不高，但存在上升空间。

（二）现在就有买家，不过出价很低。

（三）现在就出售，或者按兵不动，等待利润率/价格上升。

请每个人准备一段30秒的讲话，提出自己的观点和建议。会议将于下午2：30准时开始，结束时间不会晚于3：00。

当然，某些会议的待讨论内容非常宽泛，不拘小节才是会议主调，而且你来我往的日常聊天既是必须的，也是有益的。即便如此，当轮到你来发言或者回答问题时，关键的内容都要掌握在30秒左右，你的同事不仅会对你的讲话印象深刻，也会感激你节省了大家的时间。

与大人物会面

在霍雷肖·阿尔杰的作品中，反复出现的一个桥段就是所谓的幸运一刻，穷孩子因为挽救了百万富翁一命，所以获得了一份工作，他努力工作，迎娶了百万富翁的爱女，最终，他自己也成了一名百万富翁。运气在商务沟通中经常都扮演着重要的角色，譬如，你或许会在电梯中、俱乐部或者餐厅内，偶遇自己遍寻几周都不得见的那个人。事实上，你完全可以"营造"自己的运气，并且安排这种会面。不过，绝大多数情况下，这种会面都是自然而然出现的。时机到来时，你务必做好准备，30秒信息就是你的武器。你知道自己的需求是什么，而能够满足你需求的人就站在你眼前，但是，你同时必须知道自己应该向哪里瞄准，以及何时按兵不动。

杰克·马歇尔及妻子正在与公司的同事共进晚餐，其中也包括公司主席及其妻子。杰克脑中构思出了一个工作想法，他知道主席会很感兴趣。倘若现在就跟主席说，时间和地点是否合适呢？杰克决定放手一搏，不过，他事先应该深入思考一些问题。首先，他必须选择恰当的时机，即等待公司主席卡尔德维尔先生首先提起工作的事情。倘若卡尔德维尔先生问起杰克所在部门的情况，那无疑是千载难逢的好机

会，这恰恰是实际出现的情况。现在，杰克已经获得了主席
的专注——不过时间有多久呢？如果他语焉不详或者无法说
清自己的目标，宝贵的机会就会被浪费，主席或许也将轻视
他。相反，倘若他能够在不给主席压力或者令其难堪的前提
下说出预先准备好的30秒信息，他就可以改变自己的职业前
途。杰克出手了。

"本部门一切都好，先生。事实上，为了提升投递率，最
近我测试了一套新的工作流程，测试结果不容置疑地显示新
流程非常有效，我们能够节省很多时间和资金。我希望和您
汇报一下这件事，我可以给您的秘书打电话预约个时间吗？"
主席面露微笑，坚定地点了点头。

在这一情景中，杰克不仅为自己制造了机会，也充分利
用了主席所提供的机会。他做出了正确的决断，而且，他的
准备十分充分。他完成了预约，并且在自己设计的工作流程
被公司采纳之后，最终获得了擢升。

祝酒词

大多数祝酒词都是随性而至的，但如果出席重要的场
合，你仍然需要事先谋划自己的祝酒词。

我的一位朋友是一名前途无可限量的政治官员，她即将

去另外一个郡任职。她告诉我，她要向一位对自己而言非常特别的男人致祝酒词，祝酒场合就是该男子所在郡——我朋友即将任职的郡，为他举办的大型生日宴会。她希望自己的祝酒词是完美的，她遵循了本书中介绍的那些既简单又熟悉的规则。祝酒词万万不可超过30秒钟，你可以像准备其他任何30秒信息一样准备祝酒词。了解自己的目标，自己的听众和自己的方法。找到钩子，并且用它引出你的讲话内容，直至收尾。

以下就是我的朋友在生日宴会上所说的话：

我曾经是一个陌生人，来到这片陌生的土地。我来到这里，是为了服务国家。在这里，我找到了温暖、理解、美丽和友爱。现在，我不再是一个陌生人，我要感谢让这一切成为可能的男人。还有什么比生日宴会更好的时机呢，还有什么比爱戴和致敬更好的致谢方式呢？敬吉姆。

即便是在悲伤的场合中——某些情况下，尤其是在悲伤的场合中，祝酒词中的幽默可以起到"化腐朽为神奇"的功效。

我们的一位老朋友过世了，他是好莱坞历史上最伟大的电影经纪人之一，包括克拉克·嘉宝、华莱士·比莱、弗莱德·迈克穆雷在内的大批电影人都曾经接受过他的职业指导。他喜欢富足的生活、华美的餐厅、美味的食物、伟大的艺术。他总是想要最好的东西，也总是能够得到最好的东西。

聚在他家里的几名挚友既感悲伤，又觉严肃，但他的妻子知道，他并不希望我们如此伤心，于是她站起身来，举起酒杯，说出了让我终身难忘的一句话：

"这杯酒敬菲尔，不论他在哪儿，他都会坐在最好的桌子旁。"

一般而言，祝酒词都是表达情感的信息，只要能振奋人心就好，其原因在于，你无须独树一帜或者诙谐机智，感受和真诚才是最重要的。不论是你事先已经打好腹稿还是临时被邀上场，优秀祝酒词唯一最重要的规则就是发自肺腑地说出自己的感受。

打动读者的信件撰写

阅读文字时，每个人的注意广度也仍然只有30秒钟。手比眼快，但眼睛要比嘴还快，这也就意味着在同样的时间内，你阅读的书面文字会多于你说出的语句。其间的差异并不重要，真正重要的是，你在纸上书写的内容不可多于30秒钟所能阅读的文字量，否则你就无法打动读者。

你曾经收到过多少封请求商务合作或者慈善捐款的信

件？又有多少次你连第一段都没读完就将它们丢到垃圾桶里呢？为了在信中清楚地表达自己的观点，口头30秒信息的所有技巧和策略都应加以使用：了解你的目标、你的读者以及你的方法。在信件开头就要设置钩子，简洁地介绍你的内容，最后再辅以有力的结尾。另外，还有一条规则：篇幅须控制在一页纸以内，倘若有一些技术性问题需要解释，那就另附一张纸进行说明，但首要之务是用你的一页纸信件激发起读者的兴趣、吸引他们的注意力。

以下这封信件的目的是跟进推销一个中层管理培训项目。

亲爱的比尔：

培训结果是否令您满意呢？

拉尔夫·约翰斯及其同事刚刚在纽约完成的这个培训项目的效果及其价值之高远超我的预期，我建议，贵公司所有五名总经理都参加这一培训项目。

我们的目标：为了提升公司盈利。

我们的方法：为了帮助经理更加深刻地认识公司的运行机制，提升其销售能力。

内容：

（一）帮助经理熟悉各部门的运转及职责；

（二）为了实现各部门之间的紧密合作进行谋划和协调；

（三）为了售卖产品而探索新的市场和营销技巧。

请您尽快与拉尔夫·约翰斯联系，咨询相关情况，我相信，他会告诉你培训项目所带来的收益已经远远超过了其花销。如果您也同意这一观点，我将诚挚地感谢您对本公司培训项目一如既往的支持。

尊意如何，请即示知。

这些信息虽然详尽无比，但也仅有一页纸的篇幅，30秒之内即可读完，能够吸引住读者的注意力。正因如此，简洁、明了、合理组织文字架构才如此重要。

备忘录

备忘录就是信件的简略版，它也是记录信息的一种方式，越短越好。

致所有员工：

下周五，六月十二日，假期关门。

放假愉快。

管理层通知

这个备忘录已经表述出所有必要的信息了，不是吗？

备忘录存在正式和非正式两种类别，无论如何，请切记，商业备忘录必须遵循口头30秒信息的每一条规则，以下就是一个示例。

1986年，9月30日

致：＿＿＿＿＿＿＿＿＿＿＿＿＿＿＿＿＿＿

召集会计部门会议

日期：1986年10月9日，星期三。

时间：上午八点开始，上午九点结束。

目标：节省时间和资金。

方法：重组会计部门。

关键点：包含在附加材料中，包括新设备和新工作流程的成本明细表。

请阅读并且研讨所有的会议材料，如有任何问题，请致电奥斯卡·皮特森（分机号码：906），借此为会议做好准备。

针对附件中的关键点，希望各位提出简短的建议，感激不尽。

多谢！

首席财务官 J. Y. 唐那修

在准备这一备忘录的过程中，首席财务官完全了解自己想要达成的目标，而阅读者也确切地知晓了上级对自己的期望。

推荐信

推荐信或者介绍信是30秒信息的另一种形式，也不应该超过一页纸的篇幅。以下是一位公关主管莱尔·瑞奥登的推荐信，其作者是莱尔曾就职公司的主席。

亲爱的安德森先生：

莱尔·瑞奥登以自身能力反驳了那句古老的谚语："老狗难学新招。"作为本公司的公关主管，过去七年来，莱尔教会了我们很多"老狗"掌握了诸多"新招"，其中就包括更加透彻地理解公关的重要性，毫不夸张地说，正是莱尔让我们公司获得了公众的注意。

莱尔即将搬去您所在的城市，对此我们深表遗憾。但是他在本公司的工作表现可圈可点，我相信他也将成为贵公司的得力干将。

如想了解我所知道的任何有关莱尔的其他信息，请随时联系我。

临书仓促，不尽欲言。

致谢函

致谢函或者致谢短信展现出的是一种贴心的姿态，也是一种极佳的商业技巧。致谢短信必须篇幅短小，言语甜蜜，而且真诚不虚。

亲爱的鲍勃：

我的新老板告诉我：他给您打电话时，您对我赞誉有加。我不知道您具体说过什么，但是效果很好，我获得了这份工作，非常感谢。

纸短情长，再祈珍重！

詹妮弗

在商业世界，致谢函往往被人疏忽。当面致谢或者电话致谢同样能够表达感激之情，但是，如果某人不辞辛劳地为你东奔西走，那么花费几分钟的时间撰写一封致谢函，让他了解你的感谢之意，则完全属于情理之中，篇幅不要太长，让对方读到就好。

第十一章
30 秒信息原则适用于任何场合

30秒内读本章，注意这些就对了

简短的30秒信息对于任何问题而言都是完美的答案。

使用转变技巧，你可以在回答任何问题时都表达出自己的观点。

在拨通任何商务电话之前，务必了解你的目标、你的听众，以及你的方法。

如果你无法见到自己想要联系的人，那么所留的口信就要给他一个回电的好理由。

在30秒之内说出推销游说的所有关键点。

在任何商务会议中，事先精心准备完备的会议议程，要求所有与会人员就关键议题准备一份简洁的30秒讲话，可以节省大量的时间。

你可以抓住一切机会说出自己的30秒信息，如果准备妥当，你甚至可以自己制造机遇。

30秒信息的所有规则和策略皆可应用于你的书面商务沟通。

不论是书面形式还是口头形式，30秒信息都是表述自身观点最有效的方式——使用它！

How to Get Your
POINT ACROSS
IN

30

Seconds or Less

第十二章
30秒信息的活学活用

Part

12

第十二章
30 秒信息的活学活用

我的朋友查理爱上了一位魅力十足的年轻女士艾娃，艾娃也很爱查理，但查理至今尚未说服佳人嫁给自己。某一天，查理邀请艾娃共进午餐，他们开车来到了洛杉矶体育馆——西海岸最大的体育场馆，加州大学洛杉矶分校橄榄球队对战南加州大学橄榄球队经典之役的赛场，也是1984年奥运会的主赛场。

偌大的运动场地内，摆放着一张小桌子和两把椅子。一位管家将两人引到桌前，一位侍者请两人就坐，然后各有一位服务员走到每张椅子后待命。除了这块小小的舒适之所，整个体育馆都是空空荡荡的，数千张座位空无一人。

桌子布置得相当精美，有斯波德陶瓷、水晶和银器，饮食则是鱼子酱和香槟，之后，侍者又端来蛋奶酥和富含更多鱼子酱的沙拉。等待甜点的过程中，查理将艾娃的注意力引向位于体育场内巨大的电子记分牌。

按照事先约定好的信号，他举起了酒杯，然后，记分牌上出现了一行大字："亲爱的艾娃，嫁给我好吗？"

她欣然同意，从那开始，查理和艾娃就在洛杉矶幸福地生活了下去。

当然，查理的信息可谓大费周折，但他在30秒之内成功地表述出了自己的想法。

现在，既然你已经了解到了个中奥妙，那么也同样能够做到。

你已准备就绪。

勇敢地走出一步，付诸实践吧！